イヤな人間関係から抜け出す本

臨床心理士／一級交流分析士
高品孝之

あさ出版

はじめに

職場、学校、ご近所、そして家族……。

人はたった1人では生きていけません。

何かしらの関係性を持って他人と接したり、役割を持ってグループに所属したりすることで、人生は進んでいきます。

時には、嫌な人、相性が合わない人と接しなくてはならないこともあるでしょう。

その人と顔を合わせるだけで、こちらの心まで憂うつになってしまうなんてこともあるかもしれません。

嫌な人と関わりたくない。できれば避けて通りたい。

しかし、そうもいかないのが人生です。

仏教では、これを怨憎会苦《おんぞうえく》といいます。

「嫌な人、嫌いな人、避けたい人と付き合っていくことは、人間が生きるうえで必ずついてまわるもの」という意味です。

だからといって、不快な人間関係を我慢して耐え続けるだけでは、心も身体も参ってしまいます。

自分を守る対策と方法を知っておくに越したことはありません。

実は、不快な人間関係、コミュニケーションにはパターンがあります。これを、心理学の1つの理論である交流分析では、「ゲーム（ゲーム理論）」といいます。

ゲームというと、テレビゲームや、野球やサッカーなどのスポーツの試合を思い浮かべると思います。テレビゲームも試合も、それぞれにルールがあり、そのルールに基づいて行われますよね。また、相手に勝つために、相手を研究し、対策を練ると思います。

これと同じで、人間関係もルールに基づいて構築されています。そこに、「ゲーム」が生じてしまうことで、敵対関係が生まれ、不快な関係性になってしまうのです。

つまり、不快な人間関係を生むゲームがどういうものかを知り、対策を練ることさえできれば、嫌な人、相性が合わない人とのコミュニケーションもそつなく対応することができるというわけです。

私は約30年間、教育現場に身を置き、生徒、親をはじめ、さまざまな人間関係のトラブルに接し、その解決に取り組んできました。また、看護師の養成に10年以上携わっており、その中で患者と医療関係者の人間関係の悩み、トラブルの対応も行ってきました。

さまざまな人間関係の悩みと向き合いながら、上手に人間関係を解決する方法がないか、研究を続け、一応の結論が得られました。

その1つが、**人間関係はRPG（ロールプレイングゲーム）である**ということです。ロールプレイングゲームとは、「ドラゴンクエスト」や「ファイナルファンタジー」といったコンピューターゲームで知っている人も多いかもしれません。

役柄を演じることで、与えられる試練、難題の解決、時には戦闘をしながら前に進み、目的を達成するというものです。

本書では、人間関係のトラブルに陥った時、どのような役割を演じればよいか、どう考え、行動を起こせばよいかなど、対応法をご紹介しています。事例を通じて、ゲムのルール、仕組みと共に、陥りがちなパターンを分析しながらお話ししているので、人間関係のトラブルを上手に回避できるようになり、また、トラブルに巻き込まれても、そこから抜け出す技術を習得できるようになります。

また、ゲームと共に、**不快な人間関係を引き起こしやすい「人生脚本」**についてもお話ししています。

世の中にはさまざまな人間関係の悩みに答える本があります。それらは、1人ひとりの人間が持つ心理や感情をつぶさに捉え、そこから人間関係を解き明かそうというものです。

しかし、本書のような人間と人間のやりとりやルールに焦点を当て、人間関係そのものにメスを入れる解説書はあまりありません。

読者のみなさまが、本書を活用して有意義な人生を歩んでいかれることを望みます。

2020年7月

高品　孝之

Stage 1

対人関係で繰り返し起こる人間関係ゲーム

Stage 2

他者を否定することで、他者を陥れるゲーム

Stage 3

自分を否定することで、他者を陥れるゲーム

Stage 4
人間関係ゲームに巻き込まれない技術

Stage
5

人生脚本
——自分自身の心が繰り返し生み出す不毛な行為から逃れるために

本書で取り上げている事例は、ゲームを理解しやすくするために、実際にあった事例をもとに筆者が考えたものです。どの事例も、状況が変われば、別のゲームが生じることがあります。あらかじめご承知おきください。

Stage 1

対人関係で繰り返し起こる人間関係ゲーム

Lv. 01

人間関係のトラブルには、決まった法則やルールがある

✚人間関係のトラブルからは完全には逃げられない

職場の先輩とうまくいかない、ご近所で浮いてしまっている気がする、姑との関係がぎすぎすしている、いじめにあいやすい、など。

本書を手にしてくださったということは、あなたも何かしら、人間関係のトラブルについて悩んでいるのかもしれません。

実際に人間関係のトラブルで悩んでいる人は少なくありません。

私もこれまで、さまざまな相談を受けてきました。

中には、「人間関係のトラブルに巻き込まれなくなるにはどうすればいいか」という直接的な相談もありました。たしかに、そのようになれば、人生はぐっとラクになります。

ですが、それは、ほぼ無理と言っていいでしょう。

人は生まれた場所、育ってきた環境、性格も感性も好みも、みなそれぞれ異なります。そのため、人が同じ場所で同じ時を過ごす中で、すれ違いや行き違い、誤解が生じ、トラブルが起こってしまうのは、どうしてもありうることです。

生きていくうえで人間関係のトラブルはつきもの。完全に逃げ切ることはできません。**大事なのは、人間関係のトラブルは起こりうるものと受け入れてしまうこと、そして、起きてしまったトラブルをいかに小さく穏やかに抑えるか、対応策を知っておくことです。**

こじれさえしなければ、人間関係のトラブルはよりよい関係を構築するきっかけにもなります。

✚「ゲーム」「人生脚本」が不快な人間関係の核になる

人間関係のトラブルにうまく対応できるようになるには、起こりうるトラブルについて、あらかじめ知っておくことが必要です。

人間関係には、どんな関係においてもルールがあります。**このルールを知り、自分の置かれている状況を正しく分析すれば、「人間関係の苦しみ」という敵に打ち勝つことができます。**

トラブルに発展するような不快を生じる関係性は、「交流分析」という心理学における、次の2つが核になるパターンが考えられます。

①ゲーム

さまざまなパターンがあります。**やろうと思っているわけではないのに、無意識にはじめたり、巻き込まれていたりします。**

闇雲に対応していると、どんどんドツボにはまっていき、不快な思いをするだけではなく、心身共に苦しさで疲弊してしまいます（詳細は、Stage2・Stage3でお話しします）。

②人生脚本

人は幼い頃の過ごし方によって、自分の中に「人生の脚本」が培われます。その後は、この脚本に沿って人生を歩むとされます。

「三つ子の魂、百まで（3歳頃までに身につけた経験や習慣は、100歳になっても忘れずに繰り返す）」ということわざがありますが、幼少期に書いた脚本は一生変わることがなく、死ぬまで、その脚本の通りに人生を生きていくと言われています。

この脚本には、人間関係を損なう書き込みがなされている場合があり、注意が必要です（詳細は、Ｓｔａｇｅ５でお話しします）。

この2つの理論と仕組みを知っておくことで、自分が陥りやすい人間関係のトラブルを知ることができます。

また、事前に対応策を用意しておくことで、トラブルが深刻化してしまうのを防ぎ、自分の心や体を守ることができます。

一度、他人との関係がうまくいかなくなると、関係を改善するのは難しくなります。そうならないためにも、本書でゲームと人生脚本から人間関係のルールと対応策を学んでいきましょう。

Ｓｔａｇｅ１ではまず、ゲームの基本的な仕組みについて、お話ししていきます。

Lv.02

人間関係の基本、「交流分析」とは

交流分析は「精神分析の口語版」

交流分析というと、「心理学の一分野で、なんか難しそう」と思う方もいらっしゃるでしょう。

しかし、難しいことはありません。

交流分析とは、「自分の心が安らかになり、人間と人間の交流（関係）がスムーズになるようにパターンやルールを明らかにしたもの」です。

その背景には、精神分析の考えがあります。

精神分析とは、お医者さんが心の悩みを持つ人を治す方法の1つで、ストレスを感じる環境に置かれた人の心がどのように変化するのか、他人の心の働きが自分の心にどんな影響を与えるのか、などを説明するものです。

その精神分析の難しい理屈が、交流分析ではかみ砕いて説明されるので、「精神分析の口語版」と言われています。

本書では、事例をもとに交流分析を用いてイヤな人間関係から抜け出す方法をご紹介します。

それでは、キーになる交流分析についてさらに詳しくお話ししましょう。

✚交流分析について

人間関係のトラブルの対応策を学ぶ前に、まずはその土台となるルールを知っておきましょう。

交流分析は、自分自身や、人と人との交流に焦点を当てています。

例えば、

・他人の顔色ばかり気にしてしまう。嫌われたくないと強く思ってしまう
・他人に厳しい言葉や態度を表して、いつも人間関係が壊れてしまう
・一度泣いたり、悲しんだりすると、なかなか立ち直れない

・相手が嫌がっているのに、ついおせっかいな行動をとってしまう
・常に行き当たりばったりの行動をとり、計画性がなく、失敗を繰り返す

など、このような困難を解決するのに、交流分析は有用です。

交流分析が目指す**「理想とする人間の在り方」**があります。

・人間は誰からも受け入れられるし、誰でも受け入れる
・人間は誰でも考える能力を持っている
・自分の運命は自分で決められ、その決定を変えることもできる

これらの「理想とする人間の在り方」を実現するため、交流分析では、気づきや自発性を高め、親密な交流を回復する自律性を自分の心に確立することを目指します。

交流分析には、次のような、さまざまな理論があります。

・自我状態の分析：個人の心の状態を分析し、理解する方法
・交流パターンの分析：2人の間の交流パターンを分析し、理解する方法
・ゲーム分析：あるパターンを繰り返し、不快感をもたらす人間関係を理解する方法
・脚本分析：知らず知らずに生涯に渡って繰り返す不毛な行動を理解する方法

本書ではこのうち、「ゲーム分析」と「脚本分析」を解説していきます。

この2つの技法を知ることで、「理想とする人間の在り方」に近づき、円満な人間関係を送れるようになるのです。

Lv.03

ゲームは気づかないうちに陥っているもの

✚ゲームの3つの特徴を理解する

ゲームには、必ず仕掛ける人（仕掛け人）と、仕掛けられる人（カモ）がいます。厄介なことに、仕掛け人もカモも、無意識のうちにゲームに陥っていることがほとんどです。

そのため、ゲームを避けて生きていくのは不可能に近いでしょう。

また、ゲームには次の3つの厄介な特徴があります。

1　誰も幸せな気持ちにならない（双方が嫌な感情を味わう）

人間関係においてゲームがはじまると最後、必ずお互いが不快な思いをし、心が傷つきます。

ゲームの仕掛け人にも、嫌な思いが湧き上がります。攻撃を仕掛けているのにもかかわらず、スッキリしないのはそのためです。

攻撃するほうと、攻撃されるほうの双方に嫌悪感や怒り、悲しみなど、嫌な感情が常に滞在するため、なかなか解決に至れないのです。

2　一度はじまると何度も繰り返してしまう（同じパターンの行動が繰り返される）

ゲームは、やりとりがパターン化し、お互いが嫌な思いをするとわかっているのに永続的に繰り返されます。

嫁姑争いが毎日繰り返され、会社や学校での嫌がらせが日々続くのは、本人の意思だけでなく、ゲームの性質によるものなのです。

トラブルを深刻化させないためには、いかに早い段階でゲームを止めるかが重要です。

3　相手の言葉、態度から気持ちを推察しようとしても意味がない（言葉や態度の裏にまったく違う意図が隠れている）

ゲームがはじまる時、仕掛け人には、仕掛けるだけの理由があります。

ところが、その理由を、仕掛け人本人もはっきりと認識できていないため、もしくはそれをごまかすための言動をとるため、カモには、なぜ相手が攻撃してくるのか（仕掛けてくるのか）がわからず、正しい対応がとりにくいのです。

さらに厄介なことに、カモにも仕掛けられるだけの理由があります。この場合は、カモに意図があるわけではないため、なぜゲームに巻き込まれているのかが理解できません。

結果、どんどん関係がこじれて深刻化してしまうのです。

相手の言動を素直に聞いて、人間関係を改善すべく真摯に対応しても関係がよくならないのはそのためです。

これらの3つの特徴によって、ゲームが起きるとイヤな人間関係に陥ってしまうのです。

✚ゲームは否定の「基本的構え」で起こる

自分や他人を肯定したり、否定したりする心の在り方を、交流分析では「**基本的構**

え」といいます。

ゲームでは、自分や他人を否定する心の在り方が、ゲームを引き起こします。

自分を否定するか、他人を否定するか、どちらの立場にあるかで、ゲームの内容も変わります。では、それぞれの場合を見ていきましょう。

1　自分を否定する

自虐的なゲームを繰り返します。

「自虐的」というのは、自分の存在をくだらない、大したことないと周囲の人に見せる態度をいいます。

自分で自分のことを否定しているだけなので、周りの人に影響を及ぼすこともないし、ましてやこれがゲームに発展するなんて……と思うかもしれません。

ですが、自虐的な人を見ると、人はなんとかしてやりたいと関わってきます。つまり、自虐的になることで人間関係が生まれるのです。

「私、とても不幸なの。もうどうにもならない」

と友人に言われたら、この不幸な友人をなんとかしてあげたいと思いますよね。
そのとたん、人間関係のゲームがはじまるのです。

この時、不幸な友人（仕掛け人）は、自虐的な態度を使って、相手に自分の行動を注目させ、相手が心配することで、相手をゲームに巻き込んでいきます。これは、無意識であることがほとんどです。

こうして、ゲームは参加者の誰もが気づかないうちに進行していくというわけです。

2　他人を否定する

他人をやり込め、否定して、自分が優位に立とうとする態度です。その最たるものが、いじめです。

この基本的構えは、乳幼児期に身につくと考えられています。乳幼児期にどのように育てられたかによって、その性質は変わります（詳しく知りたい人は、「エリクソンの発達課題」の考え方を参考にするとよいでしょう）。

多かれ少なかれ、自分もしくは他人を否定する態度は、ほとんどの人が持っています。

つまり、誰もがゲームに陥る可能性があるということなのです。

気をつけるに越したことはないでしょう。

Lv.04

ゲームが成立する2つの条件

✚表面上の言葉や態度と違う、隠れた意図（裏面交流）がある

ここまで、ゲームが起こる理由について、お話ししてきましたが、ここからは、ゲームが成立するために必要な、2つの条件について見ていきましょう。

2つの条件とは次の通りです。

1　表面上の言葉や態度と違い、隠れた意図がある

2　仕掛け人もカモも、嫌な感情を味わうために行われる

1つめの条件となる「表面上の言葉や態度と違い、隠れた意図がある」ことを、交流分析で**「裏面交流」**といいます。

例えば、学校で、生徒指導担当の怖い先生が生徒に、

「服装をきちんとして学校に登校しなさい。規律を守ることがとても大切ですよ」

と話し、生徒が次のように返答したとします。

「はい。わかりました」

しかし、この会話をしている時の2人の内心を見てみると、まったく違う情景が見えてきます。

「服装をきちんとして学校に登校しなさい。規律を守ることがとても大切ですよ」

⬇また、だらしない服装で登校しやがって！　お前など学校に来なくていい！

「はい。わかりました」

⬇うるさい先生だ。何を着ようが個人の自由だろう！　この先生がいるから、学校が面白くないんだよ！

どうでしょう。思い当たる経験のある人もいるかもしれませんね。

人は、多かれ少なかれ本音と言っていること、やっていることが違うことがありま

す。それが、建前です。現状をうまくまわすために、使うことが多いでしょう。

しかし、**ゲームに陥っていると、この内心がコミュニケーションのツールになります。お互いが腹の探り合いをしながら（裏面交流を使って）、相手と心理的なやりとりをするのです。**

この裏面交流は、無意識に相手の意図を察知する場合が多く、やりとりによって、相手をコントロールして、傷つけたり、また不快な気分を味わわせたりします。

その結果、相手に対する不信感を募らせます。

✚双方が嫌な感情を味わうこと

もう1つの条件は、「仕掛け人もカモも、嫌な感情を味わうために行われる」です。

交流分析では、ゲームの時に現れる感情を**「ラケット感情」**と呼びます。

通常、人は人間関係の中で悲しみや怒りなどといった感情を抱きます。人間関係があってこその感情というわけです。ところが、ゲームにおいては、逆の発想をします。

わかりづらいので、事例を使ってお話ししましょう。

ある作家が、小説を書く時に、まず、クライマックス（盛り上がり）のシーンを考えてから書き出したいと考えました。そして実際に、恋人と別れ絶望している女性が、友達に慰められるというシーンを考え出したのです。

すっかり満足した作家は、この「絶望」のシーンに向かって、小説を書き出しはじめました。恋人との出会い、楽しい日々、恋人との別れ、そして最後に「絶望」のシーン……と書き綴《つづ》っていきました。

つまり、この作家の心には、最初からこの「絶望」のシーンがあったため、すべてそのシーンに合わせて物語を書き進めていったわけです。

ゲームで現れる感情も、この話と似た働きがあります。

最後に味わいたい感情がまずあり、それに向けてゲームが進められるのです。

最後に「怒り」を味わいたいのであれば、自分が怒るような人間関係の環境をつくり、「悲しみ」を味わいたいのであれば、自分が悲しむような人間関係の環境をつくっていくのです。

カモは、たまったものではありません。

さらに、この最後に味わいたい感情は、もう1つ別の目的が隠されています。例えば、先ほどの事例に登場する女性は「絶望」しています。この「絶望」は恋人に振られた「悲しみ」の感情から派生したものと考えられます。

なぜ、女性は「絶望」を表したのか。それは、「悲しい」という感情より、「絶望」の感情を表したほうが、友達は自分のために、いろいろしてくれる、つまり他人をコントロールできるとわかっていたからです。ここでも、ゲームがはじまっているのです。

✚ゲームの必需品「ラケット感情」

ゲームにおいて、小説の中の女性のように、人間関係をコントロールするために、本来の感情を隠してほかの感情を表すことはよくあることです。

相手にこちらの思い通りに動いてもらうために示すニセモノの感情が「ラケット感情」です。

「ラケット」とは、アメリカの俗語で、密輸などを行う犯罪組織のことです。知らず知らずのうちに、状況をコントロールして悪さをするという意味で、この言葉が名づけられたというわけです。

他人をコントロールして、自分の利益を上げるために使われる感情のこととも言えるでしょう。この「ラケット感情」は小さい頃に培われます。

例えば、こんな経験はありませんか。

欲しいのに買ってもらえない⬇ 悲しい（感情）⬇ 買ってもらうためにどうするか⬇ 怒りを爆発させて地団太《じだんだ》を踏む(ニセモノの感情の表現)⬇ 親が降参して買ってくれる（思い通りにコントロールする）

ラケット感情は、こうした成功経験から身につけていきます。大人になった後も、無意識のうちにラケット感情を活用していることは少なくありません。

1つめの条件「表面上の言葉や態度と違い、隠れた意図がある」とも関連しているというわけです。

ちなみに、交流分析では、他人をコントロールしない本来の感情は、「喜び」「怒り」「悲しみ」「怯え」しかないとしています。つまり、これら以外の感情、例えば、自己卑下や驚き、憎悪など、さまざまな感情すべては**「ラケット感情」**であると考えられています。気をつけて対応しましょう。

✚投影について

ゲームだけに限る心の働きではないのですが、ゲームを理解するのに不可欠な、「投影」という心の働きについてお話ししましょう。

投影とは、「自分が認めたくない自分の嫌な部分を他人に投げ出して、他人を嫌に思う心の働きのこと」です。

例えば、「○○さんは自分を嫌っている」と思うことがあるとします。「お前なんか嫌いだ！」と言われたわけではないのですが、態度から、そう思ってしまいます。

しかし、よく思いを巡らせてみると、自分のほうが○○さんを嫌っていることがあります。自分が「人を嫌いになる嫌な人間である」ことを自分で認めたくないために、○○さんが自分を嫌いと思うことで、○○さんを遠ざけるのです。

このように、**自分の嫌な部分を認めないで、他人の中に見出すことを投影といいます。**

ゲームではこの心の働きも一役を買っています。

✚ゲームの終了について

ここで、ゲームの終わらせ方を述べておきます。言葉で言うと実に簡単で、

①「ミスをしない」
②「仕掛け人の否定的な気持ちに反応しない」
③「大人の対応を心掛けて事実を告げる」
④「ゲームの場から離れる」

の4つです。

①は、仕掛け人にゲームを行わせないための方法です。
②は、ゲームがはじまる核となる仕掛け人の否定的な気持ちが攻撃的な気持ちに変わらないように気をつけて、ゲームを行わせない方法です。
③は、感情に左右されず大人の対応をすることで、相手に事実を認識してもらい、ゲームを終わらせる方法です。
④は、ゲームが起こりそうになった時、その場から離れることでゲームそのものから抜け出す方法です。

それぞれ、次のＳｔａｇｅ以降で具体的に述べていきます。

＊＊＊

ここまで、ゲームの仕組みについてお話ししてきました。

Ｓｔａｇｅ２、Ｓｔａｇｅ３では、ゲームごとに、その仕組みと対応策を、事例を使ってご紹介します。あなたが経験した人間関係のトラブルも出てくるかもしれません。ぜひ参考にしてください。

また、それぞれのゲームにドリルを用意しましたので、そこでゲームの対処の仕方を練習してみてください。

Ｓｔａｇｅ４では、人間関係ゲームと無関係に生きていくことが難しい中で、どのように過ごせば無駄にゲームに巻き込まれずにすむのか、その方法をお話しします。

Ｓｔａｇｅ５では、「人生脚本」についてご紹介します。

中原中也と夏目漱石を例に、彼らの人生脚本とその注意点についてご紹介します。

この２人の育ちや行動に自分と似たところがある場合は、参考にしてみてください。

Stage 2

他者を否定することで、他者を陥れるゲーム

Lv. 05

ゲームの仕組みを知って人間関係のトラブルから抜け出す

✚ゲームの事例について

Stage 2・Stage 3では、自分や他者を否定しがちな人に起こりやすい人間関係ゲームを10個ご紹介します。

人間関係ゲームについては、数多くの研究がなされていますが、本書ではその中でも、実生活の中でよくあるゲーム、よく見かけるゲームをピックアップしています。

実際、人間関係ゲームがどのように展開されるのかを、事例と関係図を使ってご紹介すると共に、ゲームがどのようにしてはじまるのか、「ゲームの進行」についてお話しします。

ゲームの進行では、**（1）前提**、**（2）事件（混乱）が起こる**、**（3）結末（最終的にどうなるか）**と、時系列に沿って解説したうえで、ゲームから抜け出す方法やゲームにうまく対応する方法もご紹介します。

続けて、ドリルをご用意しています。ドリルでは別の事例をとりあげていますので、どうすればゲームから抜け出せるのか（巻き込まれなくてすむのか）、Q&Aを通して考えてみてください。

いつもの仕事や生活の中で、繰り返し起こっている「困ったこと」が実はゲームであるということを知るだけで、人間関係のトラブルに対する考え方が変わります。

ゲームが、一定の法則に従って進行しているものであることがわかれば、人間関係のトラブルは対処可能なものに変わります。

ぜひ、あなたが現在抱えている人間関係のトラブルがどのゲームに当てはまるのか、またよく巻き込まれているゲームがどんな内容なのかを確認し、適切な対処方法を身につけていただけたらと思います。

まずは、「他者を否定することで、他者を陥れるゲーム」についてご紹介していきます。

GAME. 01

「とっちめてやる」ゲーム

「とっちめてやる」ゲームは、有能な新入社員や同僚、教師からひいきにされている生徒など、ゲームの仕掛け人から見て「妬ましい者」に対して行われます。「妬ましい者」のミスを暴き立てて、価値を下げようとする心理によって起きるゲームです。

✚先輩にいびられる新入社員（視点：カモ）

森一郎くん（23歳）は、有名なＯＫ大学を卒業後、ＡＢＣホテルに入社しました。ＡＢＣホテルはごく普通の大学を出た社員がほとんどですが、森くんは高齢の母親を介護するために自宅から近いＡＢＣホテルに入社することを決めました。

森くんは、好青年で真面目に仕事に取り組むタイプで、多くの社員がそんな森くんを好きになりました。

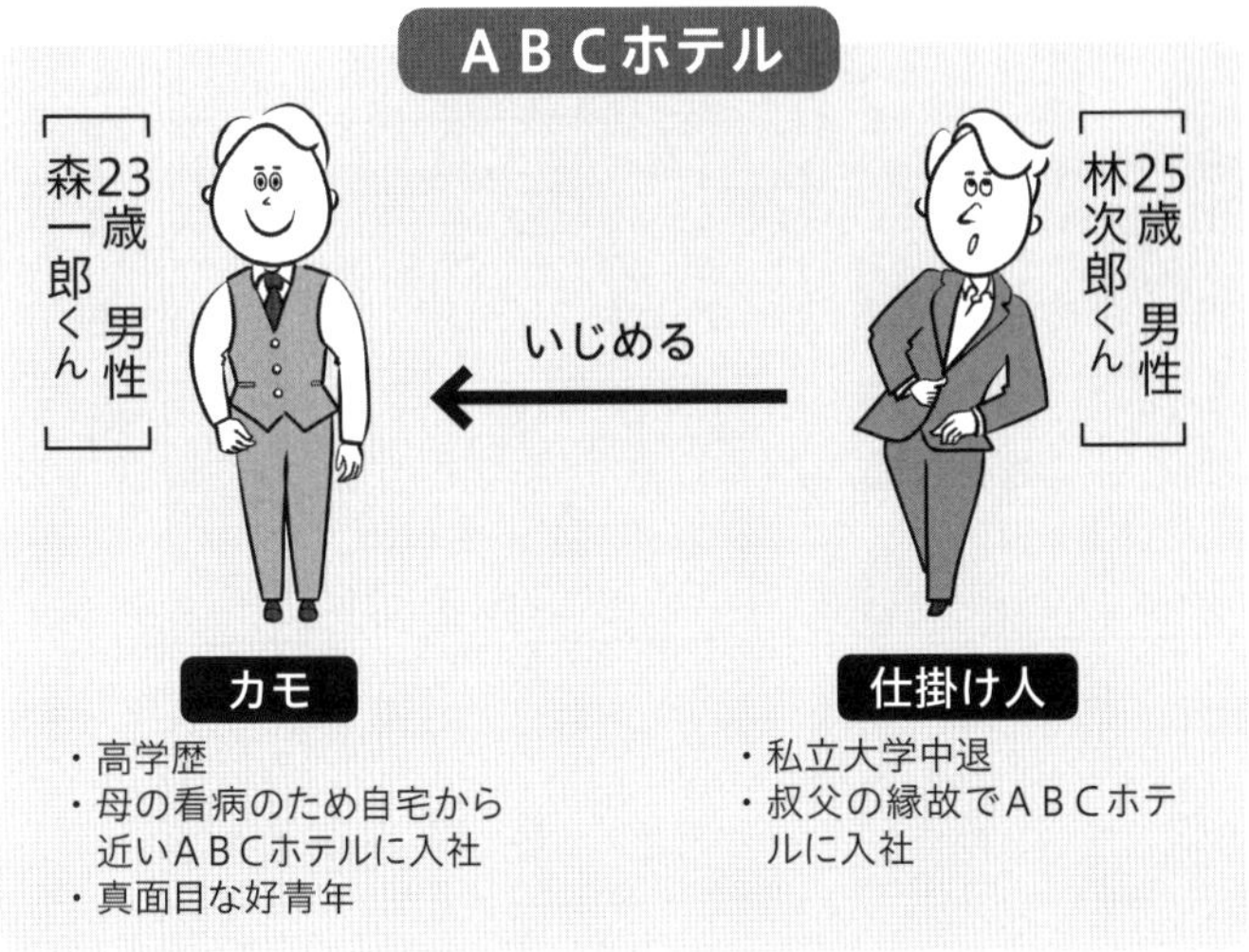

しかし、林次郎くん（25歳）だけは違いました。林くんは森くんの先輩で、5年前にとある私立大学を中退し、叔父のいるＡＢＣホテルに縁故で入社しました。

大学に入った時は、将来、有名企業に就職して、世界で活躍する商社マンになろうと思っていましたが、進学した大学から有名企業に入った実績がなかったので、大学を中退してしまいました。

林くんは森くんの学歴に嫉妬し、みんなからちやほやされている森くんをよく思っていませんでした。

ある送別会を、森くんと林くんが担当することになりました。森くんは、送別会の掲示物を宴会場の壁に張っており、林くんは黙ってその様子を見ていました。すべての掲示物を張り終わってから、林くんが森くんに言いました。

「センスないね。全然ダメ。やり直したほうがいいね」

森くんは先輩である林くんの言うことには従うしかありません。素直な森くんは掲示物を張り替えますが、林くんの「センスないね」の一言に一瞬腹を立てていました。

それからというもの、森くんは怒りを抑えながら、林くんの言うことに従っていました。しかし、林くんは事あるごとに森くんのミスを暴き立て、大きな声で指摘するようになりました。

森くんがたまにするミスを見つけると、林くんは一見困ったような顔をしますが、嬉しそうな声で、

「また、間違えてる。注意力がないねぇ～」

「書類にミスがあるよ！　森くんは本当にOK大学出身？　もっとしっかりやってくださいよ」

などと言います。

些細なミスを大きなミスのように声を大にして指摘されることに、森くんはだんだ

ん我慢ができなくなり、同時に森くんに好感を持っていたはずの職場の仲間たちが、最近はうすら笑いを浮かべて林くんの指摘を聞いている姿に、不信感を抱くようになりました。

森くんは、

「些細なミスを騒ぎ立て、ひどいことを毎日言われるのなら、こんな会社やめてしまおうかな。こんな三流ホテルになんてはじめから入らなければよかった」

と、会社や仲間に対して怒りを覚えるようになりました。

＊＊＊

誰でも傷つくことを嫌います。森くんは、林くんから傷つく言葉を浴びせられて、心を痛めていましたね。

では、林くんの場合はどうでしょうか？

林くんは大学を中退して、人生の挫折を味わっています。そこに森くんが登場しました。林くんは、森くんと接する度に挫折や失敗したことなど、嫌な思いが出てきます。

つまり、**林くんは、森くんと接する度に自分を否定する思いにとらわれ、つらい気持ちを味わっているのです。**

強く自分を否定したり、自己肯定感（自分で自分のことを尊重して、自分は価値があるという気持ち）が傷つきそうになると、自分の心を守るために他人を否定する行為が必要になります。他人を否定すれば、その分、自分が否定されないからです。

林くんは大学を中退し、思い描いていた人生と違う人生を歩んできました。でも、心のどこかにまだ未練があったのでしょう。

森くんには、謙虚な仕事態度や他者から好かれる人望など、肯定される部分がたくさんありました。しかし、林くんはそんな森くんの肯定的な面には一切触れず、ただ森くんを否定しています。林くんは、否定されるべき自分から目を背け、他人を否定することで自己肯定感をかろうじて保っているのです。

これが、「投影」です。**他人の価値を下げる行為をして他人の価値を下げた分、自己肯定感を保てるようになるのです。**

✚「とっちめてやる」ゲームの進行

「とっちめてやる」ゲームは、次のように進行します。

（1）前提

①「富や権力がある人」「出世しそうな人」「のし上がってきた人」（カモ）がいる
②仕掛け人が、カモをやり込めて、自分が精神的に上位に立とうとする
③仕掛け人は、カモがミスをするのをじっと待つ
④仕掛け人とカモの関係は、表向きは問題ないが、裏面交流が起こっている

（2）事件（混乱）が起こる

①カモがミスや失敗をする
②仕掛け人は、カモに対し、いびったり、罵倒したり、つるし上げたりする

（3）結末（最終的にどのようになるか）

①仕掛け人がカモをいびり続けることで、カモの怒りが暴発する

カモの感情が怒りに向かわず、悲哀に駆られて、自分を傷つけることがある

②信頼の危機にさらされ、仕掛け人もカモも、信頼関係を回復できなくなる

仕掛け人からの批判を受けないように、カモは失敗を過度に回避する

✚「とっちめてやる」ゲームから抜け出す方法

それでは、「とっちめてやる」ゲームから抜け出すためにはどうしたらいいでしょうか？

この事例の場合はＳｔａｇｅ１でお話しした、①「**ミスをしない**」、②「**仕掛け人の否定的な気持ちに反応しない**」、③「**大人の対応を心掛けて事実を告げる**」、④「**ゲームの場から離れる**」のすべてが有効です。より効果の高い方法から順にお話ししましょう。

②「仕掛け人の否定的な気持ちに反応しない」は、カモになることを回避できます。**仕掛け人の裏面交流に反応しないようにしましょう。**

仕掛け人はミスをしたという事実を告げて、心の裏側で「とっちめてやる」と思っ

ています。

この「とっちめてやる」という気持ちに反応せずに、「そうでしたか。すみません」と淡々とミスを直していくと、仕掛け人が裏面交流を使って、こちらの心に湧き起こそうとしていた「悔しい」「悲しい」などの気持ちが湧き起こらず、仕掛け人によるコントロールを回避できることになります。

③「大人の対応を心掛けて事実を告げる」は、ゲームを終わらせることができます。**自分の心の中に起こっている状況（事実）をありのまま伝えるだけで、相手がいかに不合理な行いをしているかが明確になります。**

林くんが「センス悪いな」と森くんに暴言を吐いた時、森くんが「センスはたしかに悪いかもしれませんが、それを大声で言われるととても嫌な気持ちになります。林さんは、わざと私を嫌な気持ちにするために言っているのですか？」と告げましょう。

1つ注意すべきは、事実を告げることで、仕掛け人とカモの攻守が変わるという点

です。事実を告げることが、相手に喧嘩を売っているような印象を与えることがあります（Ｓｔａｇｅ４で、悪い印象を和らげ、ゲームに巻き込まれないための技術についてお話しします）。

事実を告げた場合、おそらく林くんは、「いいや。そんなことはない」と打ち消してくるかもしれませんし、本音を漏らして「お前が気に入らないのだ。でかい顔をするなよ」と言うかもしれません。それでも、嫌がらせを受ける度に、感情的にならず、大人の対応を心掛けて事実を告げましょう。

ほかの対処方法である①「ミスをしない」は、念には念を入れてチェックをすることで、ゲームを回避できます。しかし、そうは言っても、仕事にミスはつきものです。そのため、**ミスをしてもいいように仕掛けを張り巡らせておきましょう**。

思い切って、森くんは林くんに「先輩。ミスをしたくないので、やり方を教えてください」と事前に教えを乞うのも１つの手です。林くんの言った通りにして、ミスが起こった場合、林くんは森くんに何も言えなくなります。

カモは、自分をとっちめる人とは話などしたくないと思うかもしれませんが、ミスをしなくても、仕掛け人はミスを探そうとします。**仕掛け人を頼ることで、相手の自己肯定感を満たすのが賢明です。仕掛け人の自分を否定する気持ちが慰められ、一時的にこのゲームが和らぎます。**

また、林くんが森くんをとっちめそうな雰囲気になったら、森くんは「電話がきました」「トイレに行きます」などと言って、④「ゲーム場から離れる」と、ゲームに巻き込まれにくくなります。

しかし、その時は逃れることができますが、根本的な解決にはなりません。ただ、ゲームに対応するのが億劫に感じる時に使用すれば、その場しのぎの解決にはなります。

DRILL. 01

「とっちめてやる」ゲーム・ドリル

次の場合、あなたはどのように対応するでしょうか。事例で学んだことを活用し、対応を考えてみてください。

✚嫁姑の争い（視点：カモ）

冬木春江さん（38歳）は、幼稚園に通っている息子の太郎くん（5歳）と姑の秋子さん（68歳）と一緒に暮らしています。夫の夏夫さん（43歳）は単身赴任で地方におり、1ヶ月に1度くらいしか家に帰ってきません。

秋子さんは何かにつけて、子育てについて春江さんに口出しをします。

例えば、太郎くんの着ている服を見て、

「貧乏くさい服を着させているね。きちんと服を選んであげているの？」

と言ったり、太郎くんの顔を見て、

「太郎が元気のない顔をしているね。ご飯をきちんと食べてさせているの？　あなたの服を買うお金があったら、太郎に美味しいものを食べさせなさい」

と言います。

春江さんは、自分のために高価な服を買ったことなど何年もありませんし、いつも太郎の服装や食べものには気を遣っているので、秋子さんが口を出してくる度、春江さんは嫌な気持ちになります。

苦しくなって夏夫さんに相談しますが、夏夫さんは春江さんと秋子さんの間に挟まれることを避けようと話を聞いても何の解決策も講じてくれません。春江さんは、太郎を連れてどこかへ逃げだしたい気持ちにまで追い詰められています。

＊＊＊

春江さんは、姑の秋子さんにとっちめられていましたね。さて、ゲームから抜け出すためにはどうしたらいいでしょうか？

Q1．姑の秋子さんは、春江さんの登場でどのようなことが否定されたのでしょうか？

A1．主婦や母親としての自分

春江さんが夏夫さんと結婚して家に来たことで、秋子さんは主婦としての座が脅かされると感じたと考えられます。言わば、家を守る主としての座が否定される可能性があったわけです。また、息子の愛情をとられて、母親としての思いが否定されたように感じた可能性もあります。

Q2．春子さんがゲームから抜け出すにはどうしたらいいでしょうか？

A2．③「大人の対応を心掛けて事実を告げる」

春江さんが秋子さんに事実をはっきり告げるとゲームが終わります。

秋子さんに、服について言われた場合、「この服はごく普通だと思います。どこが悪いのでしょうか？　教えてください」と事実を伝えると、服装に正解などないので、秋子さんは何も言えなくなるでしょう。

「春江さんはセンスが悪いから、どこが悪いのかわからないのね」

と難癖をつけてくる場合も、事実を告げましょう。

「たしかに私のセンスは悪いのかもしれません。でも、それがきちんと服を選んであげていないということにはならないと思います」

このように言うと、秋子さんは返答に詰まるでしょう。そうすると、ゲームは終わったも同然です。

①「ミスをしない」は、子どもが原因である場合、育児放棄をしない限りゲームから抜け出すことはできないため、実行は不可能でしょう。

また、②「仕掛け人の否定的な気持ちに反応しない」ためには、春江さんが秋子さんの否定的な言葉に反応しないことが必要ですが、人格や自分の身内、家族、先祖などが否定されると、大抵は反応してしまうので難しいでしょう。

④「ゲームの場から離れる」は、一緒に住んでいるため、ほぼ不可能でしょう。子どもを連れてどこかに逃げることも考えられますが、1人で子どもを育てていくことになり、生活費や養育費など新たな問題が出てくるため難しいでしょう。

GAME. 02

「責任転嫁」ゲーム

「責任転嫁」ゲームは、自分の過ちを認めず、相手のせいにする人間関係ゲームです。働きたくない人が、自分の収入が少ないのは政府の経済政策が悪いから、子どもが悪いことをするのは社会が悪いからなど、自分以外に責任を押しつけます。

✚子育てから逃れる夫（視点：カモ）

田中美子さん（38歳）は、息子の一郎くん（14歳）が深夜に帰宅することや成績が下がっていることに気を揉んでいます。

一郎くんの服から煙草のにおいがするので、悪い仲間がいるのではないかと心配しています。

美子さんは、夫の亮介さん（42歳）に相談をしますが、迷惑そうな顔をして、

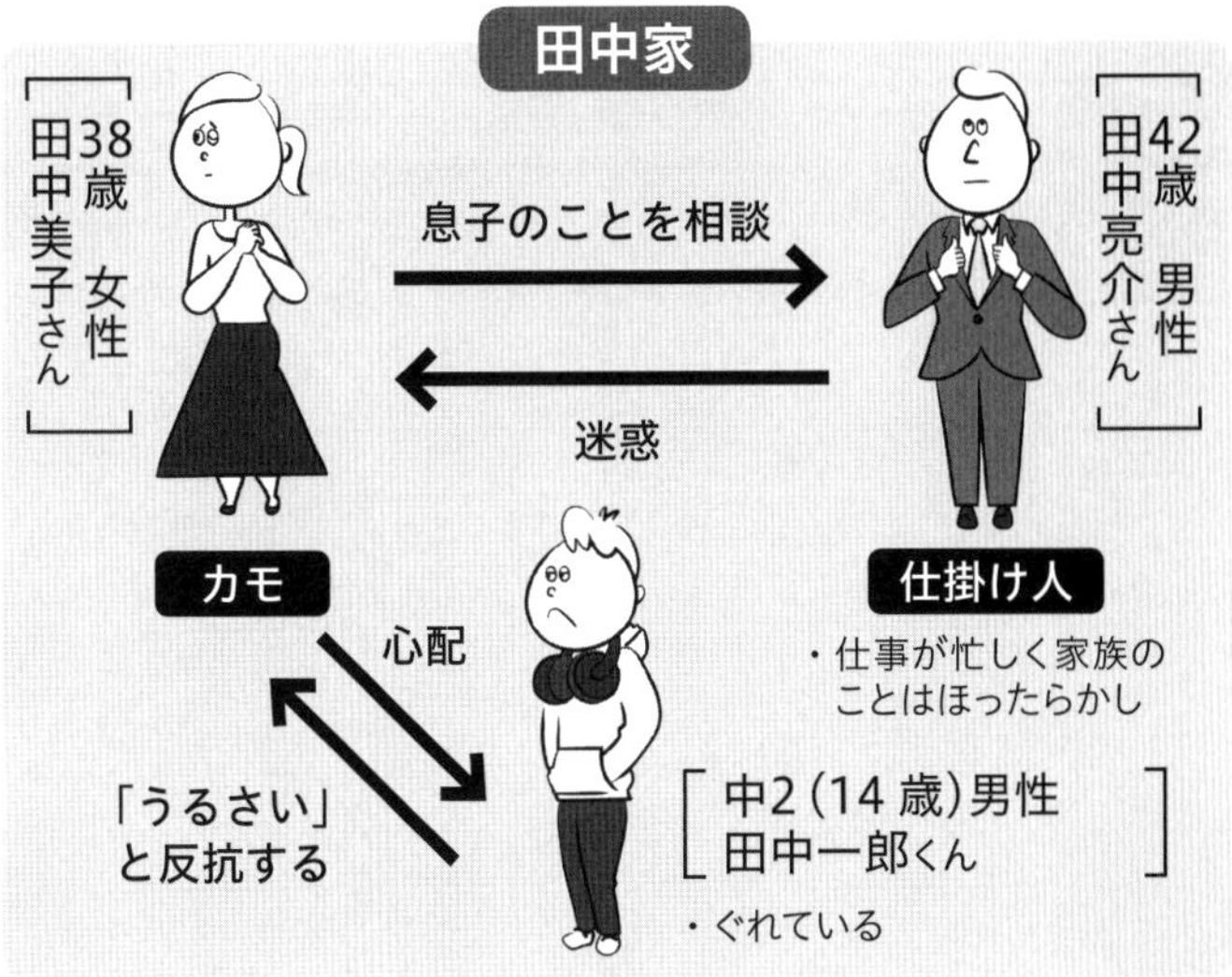

「俺は仕事が忙しいんだ。息子の教育はお前に任せる」

と言われ、とても孤独を感じています。

ある日、一郎くんの担任から、「授業中寝てばかりいて、成績も急激に下がっており、さらには注意する先生に反抗的な態度をとっている」と言われました。

美子さんは担任に、夫が仕事ばかりで子どもの相手をしないこと、力が強くなった息子に、自分だけでは対応できない心細さを打ち明けます。担任は、「このような問題は、ご両親が力を合わせて対応することが大切です。もう一度、旦那さんとご相談されたらどうですか?」

と言います。

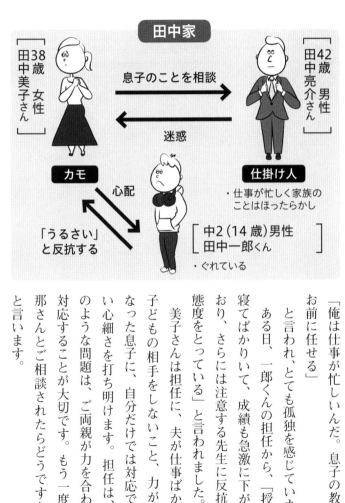

その夜、美子さんは再び亮介さんに相談しました。亮介さんは相変わらず嫌な顔をしますが、思い切って、

「あなたも一緒に考えて。あなたは父親でしょう」

と言うと、亮介さんは怒りを露わにし、

「非行に走るのも、成績が下がったのも、お前が日頃から子どもに甘いからだ。俺の状況を見て、仕事が精一杯で一郎の相手をすることはできないことがわからないのか！」

と怒鳴り、寝室へ逃げてしまいました。

美子さんは台所に行き、食器を洗っていると、亮介さんの茶碗がぽろりと手から落ちて、割れてしまいました。その時、美子さんの心に怒りが湧き、思わず近くにあったコップを投げて割ってしまいました。

＊＊＊

「責任転嫁」ゲームは、仕掛け人が「自分の否定的な部分」をカモに投影することで生じます。

この事例の場合、仕掛け人である亮介さんは、カモである美子さんに罪悪感を投影しています。罪悪感が強い亮介さんは、美子さんの欠点を指摘し、自分の罪悪感を押しつけているのです。美子さんが自分の無能さを思い知り、みじめな気持ちになる時、亮介さんは家庭以外での別の無能さを感じている場合があります。

例えば、仕事でトラブルが続いてうまくいっていない場合や、収入が少ないこと、会社の人間関係や人事に関することがうまくいかないなど……。いずれにしても知らず知らずのうちに自分を否定する気持ちを自分で認める代わりに、美子さんにそれを認めさせているのです。この否定される思いを美子さんに投影して、亮介さんはうまく立ち回っています。

美子さんと亮介さんの関係を見てみると、普段、亮介さんは黙っていますが美子さんに何か言われた時、「自分は忙しい」「お前の問題」と突き放して批判することで、父親としての威厳を保っています。つまり、亮介さんは何もしていないのに、主導権を握っているのです。カモに責任ある仕事を任せ、仕掛け人は、批判する態度をとることで、家の主人としての威厳を保ちます。

美子さんも、「旦那が家の中心だから」と、知らず知らずのうちに、この状況を許してしまいます。そのことに気づかぬままこの状況が続くことで、ゲームが進むのです。

✚「責任転嫁」ゲームの進行

「責任転嫁」ゲームは次のように進行します。

（1）前提
①「世話を焼く人」「反省しやすい人」「相手に代わって物事を行う人」（カモ）がいる
②仕掛け人は、カモにすべてを任せ、自分を責任から隔離する

（2）事件（混乱）が起こる
①仕掛け人は、カモがすべての責任をとって困り果てているのを知らないふりをする
②助けてくれない仕掛け人に対してカモは怒りを露わにする

（3）結末（最終的にどのようになるか）
①仕掛け人は、ごね得（ごねただけ得をすること）になる

②カモは、自信喪失や無力感、疎外感、孤立感などのラケット感情を味わう

✚「責任転嫁」ゲームから抜け出す方法

それでは、「責任転嫁」ゲームから抜け出すためにはどうすればいいでしょうか？

③「大人の対応を心掛けて事実を告げる」と②「仕掛け人の否定的な気持ちに反応しない」が有効です。

③「大人の対応を心掛けて事実を告げる」は、父親が関わらなければ、子どもの非行が収まらないデータを示すとよいでしょう。

②「仕掛け人の否定的な気持ちに反応しない」は、「父親としての豊富な体験があの子には必要」「あなたなしではやっていけない」と、夫の優越感を満たしてあげましょう。

①「ミスをしない」は、一郎くんが非行に走ったのは、美子さんのミスではなく、亮介さんの力がないと、どうすることもできないので、この方法は効果的ではありません。

④「ゲームの場から離れる」も、家族間のゲームでは無理があります。

DRILL. 02

「責任転嫁」ゲーム・ドリル

次の場合、あなたはどのように対応するでしょうか。事例で学んだことを活用し、対応を考えてみてください。

✚赤ちゃんを投げた母親

新木玲子さんは外資系の会社で働いていましたが、結婚を機に退社、その後すぐに妊娠し、幸せいっぱいの生活を送っていました。

順風満帆かのように見えた生活が苦悩に変わったのは、夫が知らない土地に転勤になってからでした。

転勤した地域に住みはじめると、子どもの気持ちが安定せず、いつもぐずったり、大泣きをするようになりました。

玲子さんには頼る人もなく、夫は深夜に帰ってきて、朝早くに家を出て行く生活を繰り返していたため、まったく相談に乗ってくれません。

玲子さんは、日に日にイライラが募っていきます。

ある日、息子が朝から大泣きをし、あやしても、抱っこをしても、授乳しても一向に泣き止みません。玲子さんのイライラは最高点に達し、

「もう、いい加減にして！」

と、１ｍほどの高さから目先にある布団に息子を投げ飛ばしてしまいました。

子どもは一瞬、泣き止んで静かになりましたが、次の瞬間、悲鳴に近い泣き声を上げました。自分が怖くなった玲子さんは、児童相談所に電話をかけました。

＊＊＊

夫は忙しく、頼る人もいない状況ではイライラが募っても仕方がないですが、玲子さんはどうすればよかったのでしょうか？

Q1．前提となる玲子さんの「否定されるべき立場」とは何でしょうか？

A1．1人で子育てに奮闘しなければならない環境に置かれたこと

玲子さんは、知り合いのいない土地で、夫の助けもなく、1人で子育てに奮闘していました。子どもは泣いてばかりいて、玲子さんはまるで自分が行っていることを全否定されているように感じました。そのため、自分を否定する環境から離れて、回復する必要があり、咄嗟《とっさ》に出た行動が、息子を投げ飛ばすという行動だったのです。

Q2．ゲームから抜け出すためにはどうしたらいいでしょうか？

A2．④「ゲームの場から離れる」

この事例では、夫が玲子さんに責任を押しつけているわけではありません。ここでは、環境が「責任転嫁」ゲームを生み出したのです。

そこで、夫や周りの人を巻き込み、玲子さんがあらゆる人のサポートを受けられるように働きかけるとよいでしょう。

玲子さんは自分の状況を知り、夫や実家のお母さんに「子育てで困っている」とSOSを出してサポートを得るようにしましょう。

そして、何日間か息子を玲子さんから離して、玲子さんの1人になりたいという気持ちを満たすことが大切です。

夫にもできる限りの協力を得るように、手立てを考えることで、ゲームが終わりに向かっていきます。

GAME. 03

「法廷」ゲーム

「法廷」ゲームは、２者の争いに第３者が仲裁や調停に入ることで、３人が裁判所の原告役・被告役・裁判官役を担ってしまうゲームです。裁判官役は、判決を下せずにカモにされ、原告役・被告役の双方から責められることになります。

✚ママ友にはさまれる（視点：カモ）

ある日、ママ友の青田洋子さん（37歳）と赤木京香さん（38歳）が、口喧嘩をしていました。それを見た金田美穂さん（38歳）が、

「喧嘩はやめてください！」

と喧嘩を止めました。すると、青田さんと赤木さんは、

「赤木さんが悪いのよ！　私の娘（良子）のことを悪く言ったんだから」

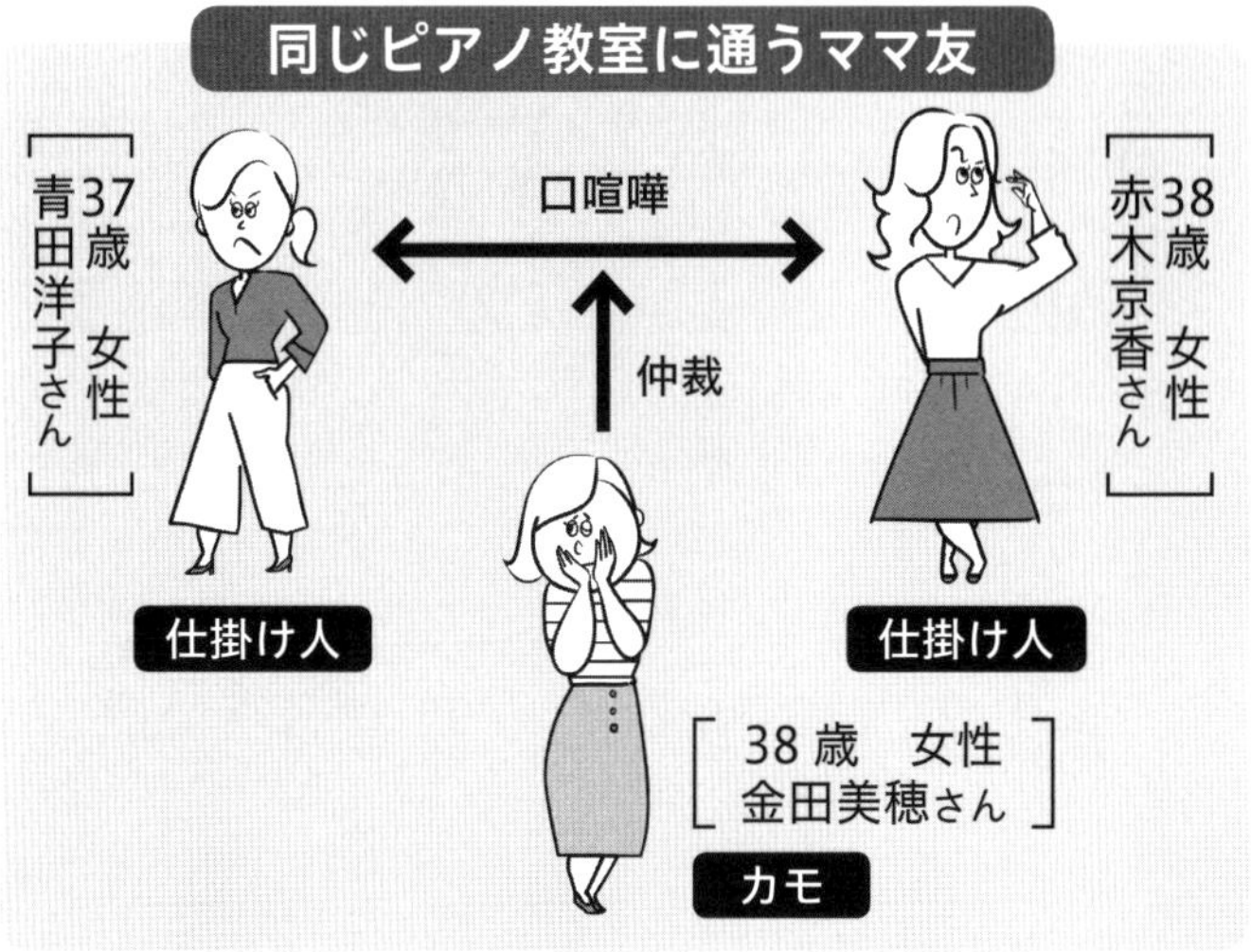

「失礼ね。悪くなんて言っていないわ。私は事実を伝えただけだもの」

と言い争います。金田さんは2人の仲裁に入るべく、口喧嘩になった原因を聞いてみました。青田さんは、

「今日は、習い事のピアノだったんだけど、赤木さんが良子はピアノが下手だからもっと練習したほうがいいって言ったの。赤木さんにそんなふうに言われる筋合いはないわ」

と主張します。赤木さんは赤木さんで、

「うちの美香（娘）は、ピアノがうまくなりたいから1日に3時間も練習をしているの。だからもっと練習すればいいのにと言っただけよ」

と悪気もなく言います。金田さんは、

「まあまあ、ピアノのプロになりたい人もいれば、趣味で弾いている人もいるんだし、赤木さんもそんなに目くじら立てなくてもいいじゃないですか」

と、赤木さんを諭します。しかし、赤木さんは金田さんの言葉に対し、

「別に美香だってピアノのプロになりたいわけではないわ。自分は下手だと思っているから練習しているだけよ。下手なら練習しないと」

と金田さんにも意見します。そこに青田さんが口をはさみ、

「なんで金田さんにいろいろと言われなくちゃいけないの？　あなた関係ないじゃない」

と金田さんを攻撃してきました。すると、赤木さんも、

「たしかに。なんで口をはさんでくるの？　金田さんがこの問題を解決してくれるの？」

と続きます。金田さんは、

「いや、青田さんと赤木さんが喧嘩しているから止めなきゃいけないと思って……」

と口ごもってしまいました。

＊＊＊

「法廷」ゲームは、３者が原告役・被告役・裁判官役のような立場をとって展開されるゲームです。

この事例の場合、原告役は娘を批判された青田さん、被告役は青田さんの娘を批判した赤木さん、裁判官役は喧嘩の仲裁をした金田さんです。

被告役（場合によっては原告役）は、もともと自分に非があるのに、裁判官役をうまく操作して、自分を有利な立場に持ち込みます。そうして、裁判官役が有罪判決を下せない状況に追い込みます。

「法廷」ゲームの仕掛け人は、自分の都合が悪い時に、兄や姉、親の権威を借りて、うまく振る舞おうとしてきた人に多く、なんとか権威ある者を味方につけて相手をやり込めようとした経験が無意識に残っているのです。

✚「法廷」ゲームの進行

「法廷」ゲームは、次のように進行します。

（1）前提

①仕掛け人が悪い立場に陥る時、権威ある者（裁判官役）の助けを借りようとする

②仕掛け人は、権威ある者に力を借りたり、権威ある者をやり込め、自分を有利にする

③カモは、裁判官役を引き受けやすく、他人のことをよく考える「お人よし」に多い

④原告役・被告役・裁判官役の間で話し合いが行われる

（2）事件（混乱）が起こる

①裁判官役が、原告役または被告人役どちらかの肩を持った場合、混乱が起きる

②客観的に正当である場合も、被告役（場合によっては原告役）のごね得になる

（3）結末（最終的にどのようになるか）

①被告役（場合によっては原告役）が勝利や優越感を得たり、得意気になる

②場合によっては、原告役・被告役が共同で裁判官役を糾弾し、裁判官役が自己卑下する状態（ラケット感情）などに陥る

✚「法廷」ゲームから抜け出す方法

それでは、「法廷」ゲームから抜け出すためにはどうしたらいいでしょうか？

「法廷」ゲームから抜け出すためには、裁判官役にならないよう、④**「ゲームの場から離れる」**のが最も有効です。

もし、裁判官役になってしまったら、③**「大人の対応を心掛けて事実を告げる」**といいでしょう。

先ほどの事例の場合、裁判官役になってしまい、２人に攻撃された金田さんは、「２人が口喧嘩をしていたので、止めようと思っただけで、どちらかの味方につくなど、そういうことはしません」と毅然と言えばいいのです。

ほかの対処方法である①「ミスをしない」は、ゲームに巻き込まれた時点で、ミスをしようがしなかろうがゲームは進められていくので無理でしょう。

②「仕掛け人の否定的な気持ちに反応しない」は、仕掛け人が２人いる場合は難しいので、これでは対処できません。

DRILL.03

「法廷」ゲーム・ドリル

次の場合、あなたはどのように対応するでしょうか。事例で学んだことを活用し、対応を考えてみてください。

✚お金を出し渋る夫

大田俊子さん（39歳）は、夫の文雄さん（37歳）との関係がうまくいっていません。理由は、文雄さんがお金を家に入れてくれないからです。

もともと2人は共働きで、俊子さんは月30万円ほど、文雄さんは月40万円ほどの収入があり、俊子さんには独身時代からコツコツ貯めた貯金があります。車や家賃など、共有で使うものは、折半しますが、財布（家計）を別にして暮らしていました。

しかし、子どもが生まれ、俊子さんは育児休暇に入ったので、収入が減りました。

そのため、文雄さんと話し合い、家計を1つにして、俊子さんが家計を管理することになりました。

ところが、文雄さんは財布を渡してくれません。子どものおむつを買う度、俊子さんは文雄さんに3000円を請求していました。はじめは、文雄さんも応えてくれていましたが、そのうち、お金を出し渋るようになったのです。

俊子さんは、文雄さんがお金を出してくれないので、貯金を切り崩すようになりましたが、「子どもを育てるためのお金をなぜ出してくれないのか」と腹が立って仕方がありません。文雄さんに不満を漏らしますが、まったくお金を渡してくれないので、毎晩言い争うようになりました。文雄さんは、

「財布を渡すと、昼の弁当とか、突然の飲み会など会社の付き合いができなくなる。子どもの金は、俊子の貯金でなんとかしてほしい」

と言いますが、俊子さんはそんな文雄さんの言い分に腹が立って、

「それはあまりに無責任ではないの？」

と言い返しました。すると文雄さんに、

「それがお前の役割だ。いずれにしても、すぐに動かせる金がないと俺は困る」

と言われ、俊子さんは、子どもを産んだ自分が全否定されたような気分になりました。

毎日の夫婦喧嘩に疲れた2人は、夫婦カウンセリングを受けることになりました。

カウンセラーは2人の言い分を聞いて、考えた挙句、

「俊子さんの貯金を使って、旦那さんに少し協力したらどうですか」

と言います。俊子さんは驚いて、

「どうして私の貯金を切り崩さなければならないのですか？　不公平です」

と言います。弱ったカウンセラーは、

「ならば、旦那さんの給料を俊子さんに渡して、そこからお昼と会社の付き合いのお金を渡すのはどうですか？　足りない場合は、貯金から援助するとよいでしょう」

と提案しますが、今度は文雄さんが腹を立て、

「結婚したのに、俊子の貯金を子育てにまわせないなど、おかしいでしょう？」

と刃向います。カウンセラーが提案を出す度に、どちらかから反発の声が上がり、結論を出せないでいると、そのうち2人から、

「ここのカウンセリングは大したことないね。時間の無駄だった」

という非難を受けることになりました。

＊＊＊

俊子さんと文雄さんに相談されていたはずのカウンセラーが、攻撃されてしまいましたね。

Q．カウンセラーはどうしたらよかったのでしょうか？

A．③「大人の対応を心掛けて事実を告げる」

私は裁判官ではないという事実を伝えることで、ゲームを終えることができます。

「お２人ともご自身の主張をされていますが、どちらかが折れなければ、解決方法を見つけることは難しいです。私は結論は出せません。お互いに折れられるところはありませんか？」と、尋ねるのがいいでしょう。

さっさと、「私は結論は出せない」と伝えて、裁判官役を降り、「お互いに折れなければ結論は出ない」と、相手に解決の糸口を渡すのがうまい方法です。

GAME.
04

「仲間割れ」ゲーム

「仲間割れ」ゲームは、自分の周りにいる人をわざと対立させて、「馬鹿な人たちだ」と他者を否定する気持ちを、心の中で確かめるために行われます。仕掛け人は無意識の場合もありますが、意識的に巧妙なやり口で他者を対立させる場合もあります。

✚対立を煽る女子高校生（視点：カモ）

令和高校は、絶えず授業中に私語があり、暴力などの非行事件が時々起こっているので、地域の人からは「不良が行く高校」と言われています。

そんな高校にカウンセリングの技術をマスターした上野康史先生（35歳）が赴任しました。

これまでの生徒指導では、規則を守らない生徒に対し、叱責や掃除、威嚇などで対

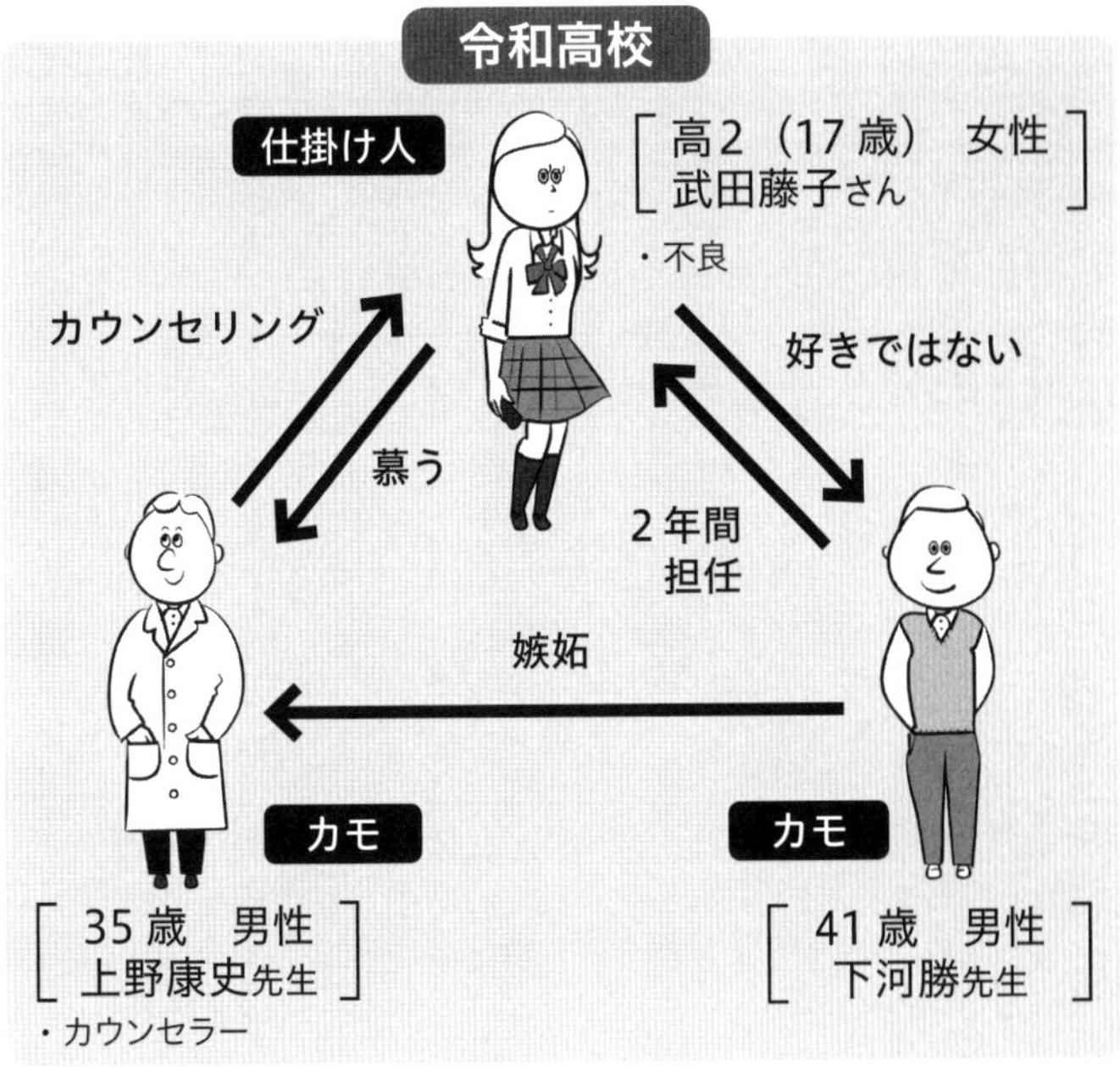

応していましたが、上野先生は「これでは生徒がよくならない」と危機感を持ち、面談による会話や問題解決のためのカウンセリングを心掛けることにしました。

生徒は、上野先生が赴任したことで、「話を聞いてくれる先生が来た」と喜びました。

ある日、2年生の武田藤子さん（17歳）が、上野先生のところへ恋愛の相談に行きました。悩みを聞いた上野先生は、共感し、適切なアドバイスをします。アドバイスを聞いた藤子さんは、すがすがしい気持ちになり、何度もカウンセリングを受け、上野先生を慕うようになりました。

藤子さんが職員室に行くと、1年、2年と続けて担任となった下河勝先生（41歳）には挨拶もせず、まっすぐ上野先生のところへ行き、

「先生、カウンセリングお願い。ホームルームの時間にやって」

と頼みます。

カウンセリングは決まった時間でしかやらないと言っても藤子さんは聞く耳を持ちません。

「ホームルームに出てもつまらなくて。カウンセリングのほうがいい」

と職員室中に響く声で話します。

また、下河先生と上野先生が校門指導で校門に立っている時、藤子さんは
「上野先生、おはようございます」

と、下河先生には挨拶をしないで、上野先生にだけ挨拶をします。

下河先生は、だんだんと面白くない感情にとらわれていきます。そのうち、

「上野は、生徒に媚びばかり売って、肝心の生徒指導をしていない。カウンセリング

と言いながら、生徒にいい加減なことばかり言っている。あんなやつがいると学校がどんどん荒れていく」

と心の中で上野先生の批判をはじめます。

そんなある日、藤子さんが衝動的に1万円のネックレスを万引きしてしまいました。藤子さんの処罰を話し合う職員会議の場で下河先生は、

「武田を甘やかすからこんなことになるのだ。あの人が生徒をだめにした」

と、ひそひそと上野先生を中傷しています。

それを聞いた上野先生が、

「あまり生徒を頭ごなしに怒鳴りつけることはいけないと思います。やはり、カウンセリング・マインドで生徒と向き合うべきです」

と言うと、下河先生も、

「それは私のことを言っているのですか？　たしかに武田を激しく怒ったことはありません。でもね、今まで、万引きをすることはなかったんです。カウンセリングと言いながら、甘やかした結果、武田は万引きしたのではないですか？」

と応酬し、激しい罵り合いがはじまりました。

＊＊＊

「仲間割れ」ゲームは、「スプリティング」と共に他者を否定する思いを他者に投影して、自分の周りの者を「良い・悪い」に分断してしまう特徴があります。

スプリティングとは心理学用語で、「AかBか」「良いか悪いか」など、両極端の態度や結論を持つことをいいます。

スプリティングを自分の周りに投影することで、周りの人が、「あの人は良い。あの人は悪い」という言い合いをはじめます。

事例を見ると、表面上は下河先生と上野先生の教育方針や生徒指導の手法の違いによる争いのように見えます。しかし、よく見ると、藤子さんが2人を巧みに挑発しているのです。

藤子さんは、わざわざ下河先生の目の前で上野先生を褒め、下河先生をけなしています。

下河先生は、もう2年間も藤子さんの面倒を見ているので、藤子さんは下河先生が嫉妬することを知っているのです。

つまり、ここでは藤子さんの「スプリティング」が働いています。

仕掛け人は、強い「見捨てられるかもしれないという不安」を持っている場合があり、自分に注目してもらうための異常な努力が見られたりします。

一見、藤子さんは自分を否定するように見えませんが、心の中では自分を否定していることが多々あります。これがスプリティングとなり、周りの者たちを深い混乱に巻き込みます。

また、スプリティングと「見捨てられるかもしれないという不安」をあわせ持っている人は、罪悪感があまりないので、行動に歯止めをかけられません。藤子さんは、上野先生を慕い、信頼しているように見えますが、それは表面上のことであり、内心は上野先生を強く否定している場合が多いのです。カモになった人は、はじめ「いい人」「素晴らしい人」と言われますが、たいていの場合、後から「バカ」「ダメな人」

など、否定的な言葉をかけられるようになります。

事例で、藤子さんからスプリッティングを投影された上野先生と下河先生は、「自分は良い。相手は悪い」と二分した思考になってしまいました。

冷静に考えれば、上野先生の「いつも頭ごなしに怒ることは教育上好ましいことではなく、怒ったり、説得したり、柔軟に対応するのが大切だ」という考えも、下河先生の「説得ばかりではなく、時には強く叱ることも生徒の成長には必要だ」という考えも、実際はどちらも大切で、時と場合で使い分ける必要があるとわかります。

しかし、嫉妬と怒りに駆られ、「仲間割れ」ゲームに巻き込まれたことによって、冷静に考えることができなくなり、罵り合うことになってしまったのです。

2人とも見事に仕掛け人である藤子さんにやられてしまいましたね。

✚「仲間割れ」ゲームの進行

「仲間割れ」ゲームは、次のように進行します。

(1) 前提

①仕掛け人は、自分を否定し、他人を信頼しない
②仕掛け人は、他人をゲームに巻き込む行為を何気なく行う
③仕掛け人は、他人をゲームに巻き込んだ後、部外者となり、争いに加わらない
④そのかれやすく、敵対心の強い人がカモになりやすい

（2）事件（混乱）が起こる
①ライバル関係にある2者（カモ）が疑惑や嫉妬を抱く
②噂話や陰口などが生じ、大きな事件をきっかけに争いが激化する

（3）結末（最終的にどのようになるか）
①カモたちのテリトリー（職場など）の対立や混乱が勃発する
②カモたちの仲間割れが生じる

✚「仲間割れ」ゲームから抜け出す方法

それでは、「仲間割れ」ゲームから抜け出すためにはどうしたらいいでしょうか？

「仲間割れ」ゲームの仕掛け人は、スプリティングを利用しながら、他者が諍《いさか》いを起こすように仕向けます。

そのため、「仲間割れ」ゲームに巻き込まれたら、まずはすぐにそのことに気づくようにしましょう。そのうえで、仲間割れを起こさないように気をつけるのです。

つまり、④**「ゲームの場から離れる」**が有効です。

また、つい仲間を批判したくなりますが、仲間を批判しなければ、このゲームは起こりません。そのため、批判をするという①**「ミスをしない」**や②**「仕掛け人の否定的な気持ちに反応しない」**も、ゲームから抜け出すのに効果的です。

このゲームに巻き込まれると、自分や仲間を強く否定したくなります。そのため、カモ同士で情報交換を密にして信頼を確固たるものにし、仕掛け人にコントロールされないようにしましょう。

ほかの方法である、③**「大人の対応を心掛けて事実を告げる」**は、このゲームにはあまり有効ではありません。

スプリッティングを持つ人は罪悪感がないので、「悪いなあ」「ごめんなさい」などの感情をあまり持てません。

そのため、上野先生が藤子さんに
「下河先生に申し訳ないでしょう？　下河先生が困っているよ」

と大人の対応をしても、

「どうして申し訳ないの？」

と聞き返されることが予想されます。

DRILL.
04

「仲間割れ」ゲーム・ドリル

次の場合、あなたはどのように対応するでしょうか。事例で学んだことを活用し、対応を考えてみてください。

✚ナース・コールを鳴らし続けるお婆さん

病院に入院している吉岡ハナさん（87歳）は、1人息子（52歳）と孫（21歳）が毎日1時間ほど見舞いに来てくれるのをとても楽しみにしていました。しかし、息子の残業が多くなり、何日も来られない日が続くと、ハナさんは看護師に愚痴を言うようになりました。

「仕事が忙しくなったって言っているけど、実はお嫁さんが、見舞いに行かないようにしているのよ」

ベテラン看護師の水野千春さん（40歳）は、ハナさんの話を聞いては、

「ハナさん、息子さんはお仕事が忙しいんですよ。息子さんもお孫さんも、ハナさんのことを心配していますよ」

と慰めます。ハナさんは、いつも話を聞いてくれる千春さんを気に入り、

「あんたみたいな優しい人が、嫁だったらよかったのに」

と言ってきます。


しかし、千春さんが非番の日、ハナさんは「足が少し痛い」「のどが渇いた」など、ちょっとしたことで盛んにナース・コールを鳴らしたり、ほかの看護師に
「千春さんはいい看護師だね。千春さんのようにならなければいけないよ」

と皮肉を言ったりします。そのため、ほかの看護師たちには、千春さんと比べるわがままなハナさんがストレスになっています。若い看護師たちは、

「千春さんって、勤務年数が長いだけで技術は変わらないのに、どうして私たちが千春さんより低く見られなければならないの」

と悪口を言うようになりました。

そんなある日、いつものようにハナさんがナース・コールを鳴らしすぎるので、当直の若い看護師が

「ナース・コールは本当に体の具合が悪い時だけにしてください」

と怒ってしまいました。ハナさんはふてくされ、

「千春さんを呼んで。私は千春さんでなければ嫌だよ。千春さんをお願い。もう嫌だ。早く」

と大声で騒ぐので、非番だった千春さんを呼び出しました。千春さんが到着するとハナさんの気持ちは落ち着きましたが、その後行われたミーティングで1人の看護師が、

「千春さんがハナさんを甘やかしたから、こんな事態になったと思います」

と問題提起しました。それを口切りに、千春さんへの不満が噴出します。

「私たちはいつも能なしのようなことを言われている」

「ナース・コールを何度も鳴らされて、まったく仕事にならない」

「ハナさん1人にかかりっきりになるわけにはいかない」

千春さんは、自分がハナさんを甘やかしたと言われて納得がいきません。

「ナースは患者の心を汲み取り、ベッドサイドで患者を励ますものでしょう」と持論を語りますが、若い看護師に、「でも、それは甘やかしに見えます。千春さんは規律を何も教えないで、ただ甘やかしていたのではないでしょうか」と言われ、千春さんは、「こんな看護師になったばかりの者たちに批判されたくないわ」と思い、余計に腹が立ちました。

＊＊＊

さて、千春さんとほかの看護師との溝は、どうしたら埋まるのでしょうか。

Q. ハナさんが引き起こした「仲間割れ」ゲームに巻き込まれないためにはどうしたらよかったのでしょうか？

A. ②「仕掛け人の否定的な気持ちに反応しない」

仲間割れしないように、普段から話し合う体制をつくるようにしましょう。

患者を巡り、看護師同士から「やっかみ」や「面白くない思い」が出た場合、「仲間割れ」ゲームに巻き込まれていることに気づき、すぐに看護師同士で話し合う体制をつくることが大切です。

ハナさんは、すでに87歳になっているので、スプリティングというよりも、加齢によるひがみで千春さんと周囲を巻き込んでいきます。

加齢によるひがみは、多くの人に向けられる場合があります。ハナさんの場合、ひがみの対象は息子のお嫁さんが第一ですが、看護師たちにも向けられています。

日頃から看護師同士で情報交換を密にして、そのようなゲームの誘いに乗らないようにしましょう。

Stage 3

自分を否定することで、他者を陥れるゲーム

Lv. 06

「自分を否定することで、他者を陥れるゲーム」から抜け出す

Ｓｔａｇｅ２では、「他者を否定することで、他者を陥れるゲーム」を4つ、ご紹介しました。

Ｓｔａｇｅ３では、「自分を否定することで、他者を陥れるゲーム」を6つ、ご紹介します。

仕掛け人がカモに見える

Ｓｔａｇｅ２のゲームは、他者を否定して攻撃する人がゲームの仕掛け人というわかりやすいものでした。

しかし、このＳｔａｇｅでご紹介するゲームは、自分を否定することで他者を陥れるので、**仕掛け人は「攻撃を受ける者（自分を否定する者）」**になります。

仕掛け人が、自分自身を笑い者にしたり、お金を貸して損をしたり、罰を受ける立場に自分を追い込んだりするので、**表面上、仕掛け人が被害者（カモ）に見えます。**

反対に、金を無心してきたりするカモが、仕掛け人に見えることがあります。

また、このゲームは、仕掛け人が、自分がカモであるかのような状況をつくることで、自分の否定的な部分を確認するという特徴があります。

「自分を否定することで、他者を陥れるゲーム」は、仕掛け人が自分を攻撃してゲームをスタートさせるため、ゲームから抜け出す方法として、①「ミスをしない」という方法をとりにくいです。

そのため、このゲームから抜け出すには、②**「仕掛け人の否定的な気持ちに反応しない」**、③**「大人の対応を心掛けて事実を告げる」**、④**「ゲームの場から離れる」**のどれかの方法になることを、覚えておきましょう。

このゲームは、生活上のストレスが心にかかるシーンで起こりやすいとされているので、日頃から相手がどのような心の状態にあるか、注意しておくことも大切です。

GAME.05

「笑ってくれ」ゲーム

「笑ってくれ」ゲームは、くだらない失敗を繰り返して、人の笑いを誘うことではじまります。

くだらない失敗をする仕掛け人は、知性と能力があり、くだらない失敗を繰り返すような人ではありませんが、他者を通して自分の否定的な部分を確認するために、このゲームを行います。

✚酒で死ぬのが本望な男（視点：仕掛け人）

ある会社の総務部長・佐藤司さん（53歳）はとても大酒飲みです。最近は糖尿病の値が高く、お酒を飲みすぎないようにと医者から注意されています。

しかし、それでも同僚と深夜までお酒を飲むことが続いていました。

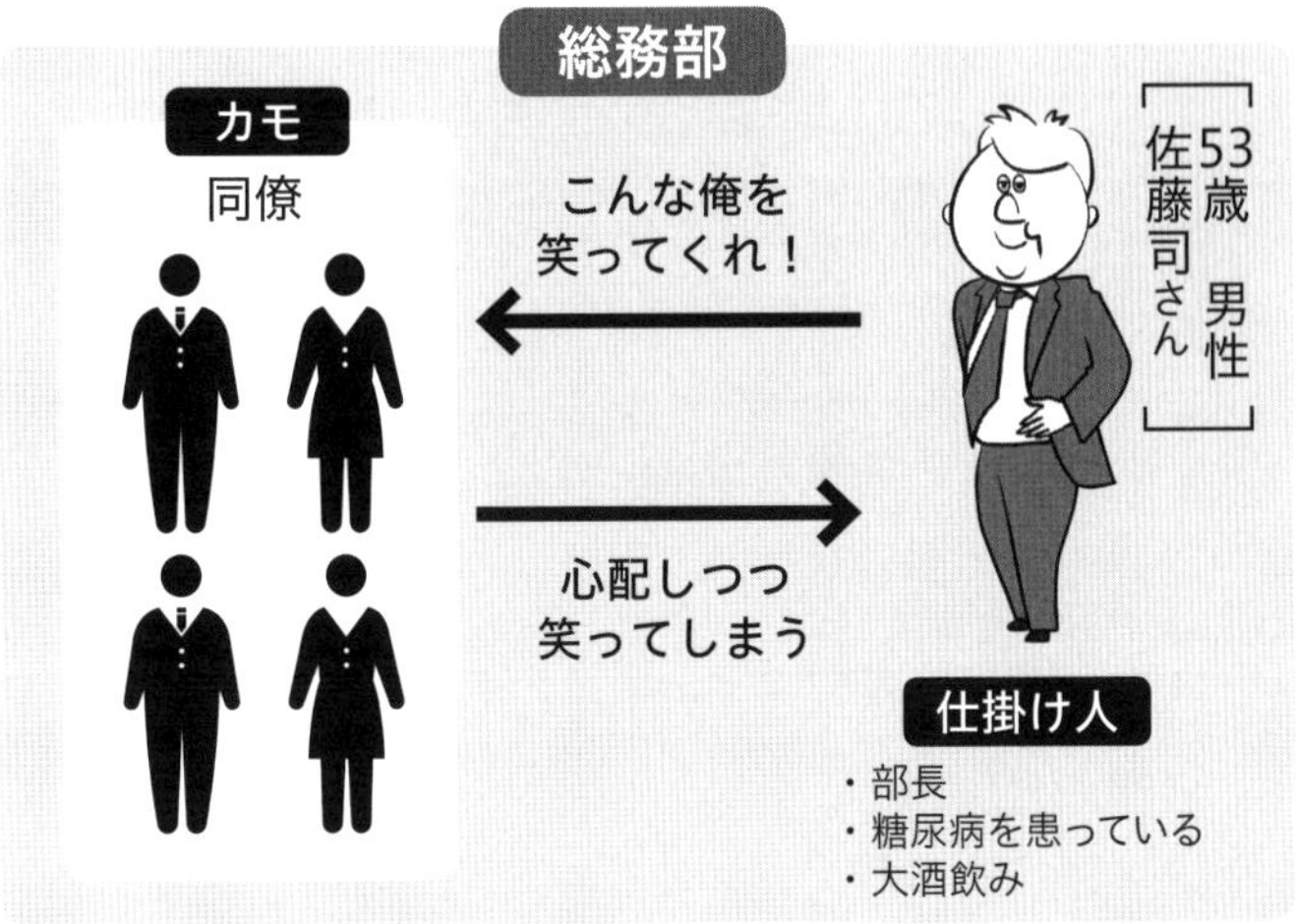

同僚たちも、口では、

「佐藤さん、そんなに飲んだらいつか糖尿で死んでしまいますよ」

と言うのですが、佐藤さんと一緒に酒を飲むと楽しいので、つい一緒に飲んでしまいます。

佐藤さんは佐藤さんで、

「好きなものを飲んで食べて死ねるなら本望だね。これこそ、まさに男らしい死に様だね」

と言い、それを聞いた同僚たちはクスクスと笑っています。

＊＊＊

佐藤さんの飲酒は、笑い事ではありません。

それなのに佐藤さんは酒を飲んでは、まるでピエロのごとく自分を卑下して語りながら、周りの笑いを誘っています。

このように、**決して笑う場面ではないのに、自分を笑い者にしてしまうのが、「笑ってくれ」ゲームです。**

仕掛け人は、自分を否定して笑い者にすることで、他者との均衡を保っていると考えられます。ただ、他者を否定しないので、妙な明るさがあります。

「笑ってくれ」ゲームの仕掛け人は、次の3つの性格的な特徴があります。

(1)基本的な性格：社交的であり、親切、善良な一面
(2)気分がいい時の性格：明朗、ユーモアがある一方で、激しやすい一面
(3)気分が落ち込んでいる時の性格：陰気、気が弱い、口先が少ない一面

「笑ってくれ」ゲームは、仕掛け人の気分がいい時に起こりやすいゲームです。

ただし、**仕掛け人の気分が落ち込んでいる時にいつものノリで、仕掛け人を笑って**

しまうと、恨みを買うことになるので注意が必要です。

また、このゲームを繰り返すうちに、仕掛け人の性格が徐々に変わってくることもあります。

周りが笑う度に、仕掛け人が自分を否定する傾向が強くなることもあるので、気をつけましょう。

✚「私を笑ってくれ」ゲームの進行

「私を笑ってくれ」ゲームは、次のように進行します。

（1）前提

①くだらない失敗が存在する。その失敗は重要なことである場合が多い

②仕掛け人が、他人の笑いを誘う「まぬけな言動」をする

③カモは、人の粗探しを好む人に多い

（2）事件（混乱）が起こる

①いつも笑われている仕掛け人の気分が落ち込んでいて、あまり笑われたくない状態である
②仕掛け人は笑われたくないのに、いつものように笑われる

（3）結末（最終的にどのようになるか）
①仕掛け人が、自己卑下をする（自分はどうせ馬鹿だと思うなど）
②仕掛け人が、無気力になったり、イライラしたり、抑うつ状態になる

✚「笑ってくれ」ゲームから抜け出す方法

それでは、「笑ってくれ」ゲームから抜け出すためにはどうすればいいでしょうか？

②**「仕掛け人の否定的な気持ちに反応しない」**が効果的です。

仕掛け人の行動の背景には、根深く自分を否定する傾向があるので、その自分を否定する点を刺激しないことが大切です。

つまり、仕掛け人が自分を卑下して笑いを誘っても笑わないこと、周囲にも笑わせ

ないことです。特に、仕掛け人が落ち込んでいる時は、注意が必要です。

仕掛け人の話は、本来であれば笑う場面ではないことが多く、笑わないほうが仕掛け人のためにもなります。

また、③**「大人の対応を心掛けて事実を告げる」**も有効です。「笑いごとではないと思います」と事実を告げることで、仕掛け人が自分で自分を否定していることに気づくことができます。

仕掛け人がゲームをはじめたら、④**「ゲームの場から離れること」**も、仕掛け人を笑い者にしないので有効な方法です。

DRILL.
05

「笑ってくれ」ゲーム・ドリル

次の場合、あなたはどのように対応するでしょうか。事例で学んだことを活用し、対応を考えてみてください。

✚車で暴走する社員

上山勇作さん（36歳）は車が趣味で、最近、300万円の車を買いました。

彼は、とにかくパワーの出る車が好きで、パトカーがいないのを見計らって、高速道路で150㎞／h以上の速度で暴走していると自慢します。

「速く走ることで、日頃のストレスを発散しているんだ。なんかスカッとして、とても気持ちいいんだよ」

職場の仲間は、あまり車に興味がないのですが、上山さんのありえない話が面白くて、つい話に乗ってしまいます。心の中では、上山さんが嘘を言っていると思い、話半分で聞いています。

そんな中、人の噂話が好きで、他人に茶々をいれることが大好きな吉田和也（37歳）さんが、上山さんの話を聞いて、

「いや、男らしいなぁ。高速道路を150㎞／hで走れる人間なんて滅多にいない」

と感心する様子で言いました。

周囲の人は、吉田さんは別に感心しているのではなく、上山さんを茶化していることを知っています。上山さんも茶化されていることを知っていますが、話を続けます。

「この前なんか200㎞／hを出したんだ。ハンドルが小刻みに揺れて、その振動が自分の体にまで伝わってきてわくわくしたよ」

吉田さんは、さらに感心した様子で微笑みながら、

「それはすごい。上山くんしか、そんなことはできない。今度は、250㎞／hで走ってみると、神の領域を見られるかもしれないよ」

と言いました。上山さんも微笑んで、

「よし、今度は250㎞／hに挑戦をしてみようと思うよ」

と自慢げに答えました。

＊＊＊

Q．ゲームから抜け出すには、周りの人たちは、どのような行動をとればいいでしょうか？

A．③「大人の対応を心掛けて事実を告げる」

命に関わる重大な話を上山さんは面白おかしく話し、吉田さんは茶化しています。

この話の根本にあるのは、仕事でストレスが溜まっているという上山さんの状況です。ストレスから自分を否定する気持ちが芽生え、そこから、まるでうきうきしているかのように話しているのです。

暴走運転を話している時は、上山さんも吉田さんもうきうきと楽しそうですが、**上山さんが落ち込み、抑うつ状態になった場合は、途端に茶化されたことが恨みに変わります。**突然、吉田さんを罵倒して、大声で怒鳴ったりすることも考えられるわけです。

上山さんの危険な自慢話に面白おかしく対応しないで、大人の対応でやり過ごすことが大切です。

話の中身が、重大で深刻な事態を招くことを上山さんに告げましょう。その際、決して相手を笑うことなく、真剣な態度で臨む必要があります。

また、この話が事実でなく、空想の話であっても同じです。事実や空想であることは関係なく、自分を茶化して、周りの笑いを誘う場合は同じ心理的な働きがあります。

GAME. 06

「泥棒に追い銭」ゲーム

「泥棒に追い銭」ゲームは、お金を貸してほしいと頼まれると断ることができず、周りの人たちがいくら説得しても、繰り返しお金を貸してしまうゲームです。お金を貸す人は貸しても貸さなくても、嫌な思いにとらわれてしまいます。

このゲームは、仕掛け人がお金を貸すため、仕掛け人がカモのように見えます。

✚息子にお金を貸し続ける母親（視点：仕掛け人）

高田美香さん（65歳）は、息子の武史さん（30歳）がお金を借りにくる度に、断ることができずに貸してしまいます。

美香さんは3年前に夫を亡くし、今は年金暮らしをしていて、お金がそんなにあるわけではありません。夫と2人で老後のためにコツコツと働いて、やっと貯めたわず

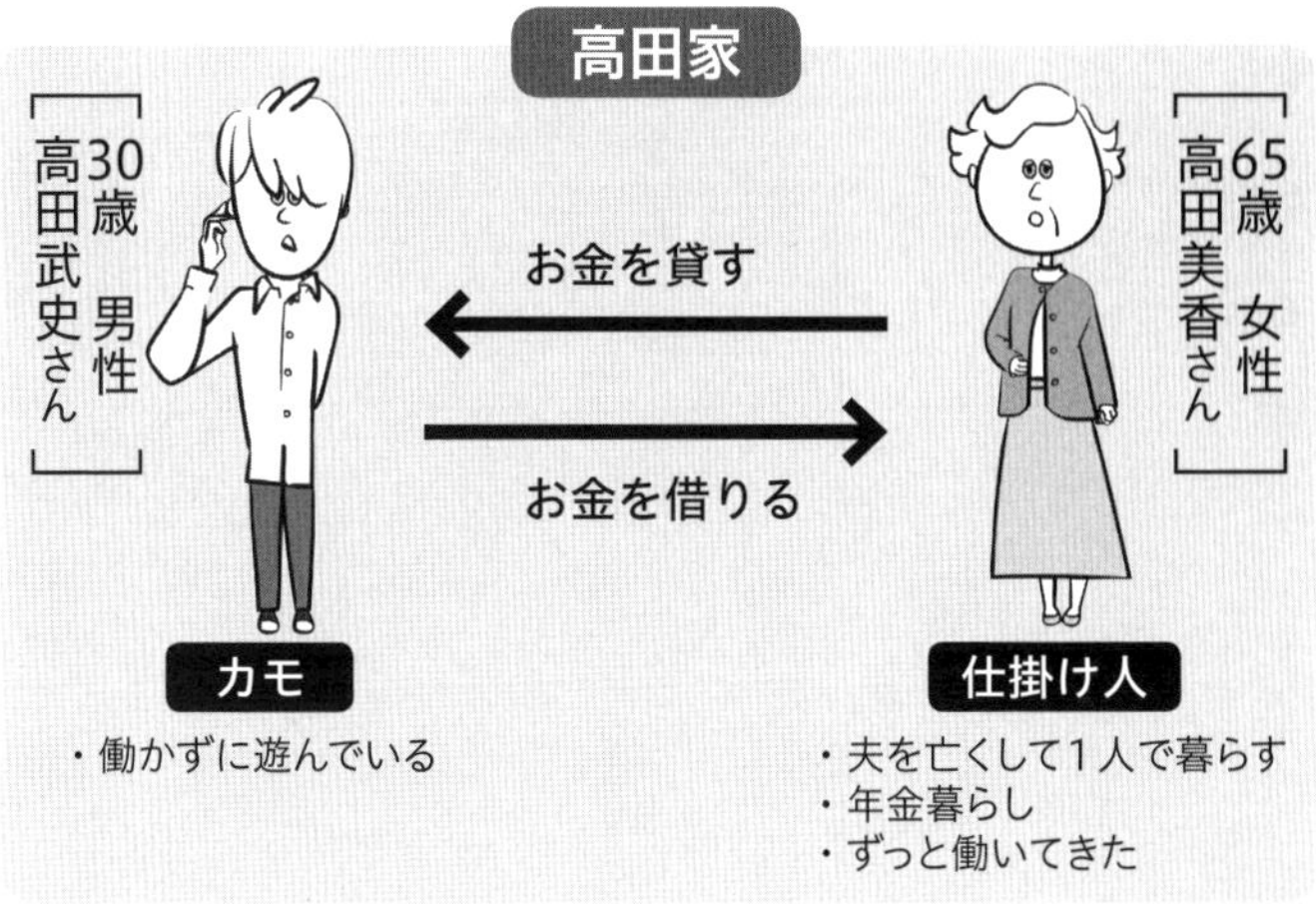

かばかりの貯金があるだけです。息子はそのお金を目当てにやってきます。

息子は「すぐに返す」と口では言いますが、一度も返してもらったことはありません。家に来る度に、2～3万円を渡しており、すでに貸したお金は100万円近くになってしまっていました。

親戚からは、

「いいようにたかられているなあ。武史は最初から返すつもりなどないよ。本人のためにもならないし、もう絶対貸してはだめだよ」

とアドバイスを受けますが、それでも、美香さんは武史さんの困った顔を見ると、つい貸してしまいます。

＊＊＊

「泥棒に追い銭」ゲームの特徴は、仕掛け人が、お金を貸しても貸さなくても嫌な気分に駆られることです。お金を貸してしまうと、「また、貸してしまった。本当に返してくれるのだろうか」というイライラした気分になり、貸さなかった場合は、「自分は悪いことをしているのじゃないだろうか」という罪悪感に駆られます。

この罪悪感から、お金を何度も渡してしまうのです。

仕掛け人は、自分の中にある、物事を楽しんだりする「子どもの心」を放棄した人に多いです。

美香さんは、夫と2人で汗水流して働き、美香さん自身が楽しいと思えるうきうきした生活を送ってきませんでした。

そのため、子どものように楽しんでみたいという思いが心のどこかに残っていて、それを他人（息子）に満たしてもらおうと、このゲームを行っているのです。

美香さんは、もっと人生をエンジョイしたかった思いを、武史さんを通じて果たしているというわけです。ただ、迷惑を感じているのも事実です。

✚「泥棒に追い銭」ゲームの進行

「泥棒に追い銭」ゲームは、次のように進行します。

（1）前提

①「金銭に困っている」と頼み込んでくる人（カモ）がいる
②仕掛け人は、昔、楽しむことを犠牲にしたり、放棄した人に多い
③カモは、お金を借りに来る人に多い

（2）事件（混乱）が起こる

家族や周りの人たちから非難される・取り立てに追い詰められる

（3）結末（最終的にどのようになるか）

①仕掛け人が、何度もお金をとられていると怒る
②仕掛け人が自己嫌悪に陥る。借金の尻ぬぐいをさせられることもある

✚「泥棒に追い銭」ゲームから抜け出す方法

それでは、「泥棒に追い銭」ゲームから抜け出すためにはどうすればいいでしょうか？

「泥棒に追い銭」ゲームは、お金を貸しているほうがカモに見えますが、お金を貸しているほうは、自分を否定するために、お金のない無力な者を利用している仕掛け人です。

お金を借りる人も、カモの立場ではありますが、仕掛け人の自分を否定するところにつけ込んでお金を借りに来ます。お金を借りに来るカモに対して、仕掛け人自身がお金を渡すことをやめない限り、永遠とお金を貸し続けることになります。つまり、仕掛け人側の工夫が必要です。

このゲームは、仕掛け人が、「断るのが悪い」という考え、人間関係が壊れてしまう怖れ、罪悪感をコントロールできるようになれば、終わらせることができます。

要は、「他人の人生まで自分が負う必要はない」と思うことが重要になります。しかし、他人ならそう思うことも可能ですが、相手が自分の子どもや肉親の場合は、なかなか罪悪感がなくならないものです。お金を貸さないことで、かえって罪の意識に苛《さいな》まれることもあるでしょう。

そのような場合は、その気持ちを逆手に取ります。お金を貸すことを楽しむのです。楽しむことが前提にあれば、自分がかつて満たすことができなかった「子ども心」を満たせますし、罪悪感がなくなります。さらに、イライラや怒りなども起こりません。ただ、これはお金に余裕がある場合のみ可能です。

お金に余裕がない場合、このゲームをやめる効果的な方法は、③**「大人の対応を心掛けて事実を告げる」**です。

「お金が足りないというけれど、何に足りないの？」

と根ほり葉ほり聞くのです。お金を借りる理由を聞き、

「それは貸さなくても大丈夫だね。何とかできるね」

と、１つひとつお金を借りる原因を消していけばよいのです。例えば、

「子どもを幼稚園に送り迎えするための車が必要」

「給料が安くて、家賃が払えない」

などと相手が言えば、

「歩いて行きなさい。子どもにそれくらい苦労をさせてもいいわ」

「先月はどうやって払ったの？　先月の通りにやればいいじゃない」

「もっと安い家に住みなさい」

など、お金を貸さなくてよい方法がわかってきます。意外と、余計なところにお金を使ったりしているものです。それを1つひとつ聞いていくのです。

毎回、しつこく行えば、そのうちお金の無心をしなくなる可能性が高くなります。また、解決のための話し合いをすることで、お金を貸さないことへの罪悪感も減少します。


さらに、もう1つ効果的な方法があります。

それは、④**「ゲームの場から離れる」**です。借金を頼む人と会わないようにしましょう。会わなければ、そもそもゲームが起こりません。

息子さんがお金の無心に来ることは、息子さんのためにならないし、自分のためにもなりません。

もし、

「最近、俺のことを避けているんじゃない？」

と言われたら、

「お金の無心をされるからね。お母さんつらいのよ。会うと貸してしまうし」

と事実を伝えるといいでしょう。

突然、家に来た場合は、家に入れないことです。その時はつらいかもしれません。

しかし、

「会うと、お金がないのに、頼まれてしまってつらい」

と理由を言って、強く断るのです。

その時は両方がつらい思いをするかもしれませんが、だんだんと息子さんはお金を無心をしないようになっていきます。これは、息子さんのためでもあります。

もし、自分だけでは難しければ、知り合いの力を借りることも考えましょう。

②「仕掛け人の否定的な気持ちに反応しない」は、仕掛け人自身がゲームをやめるために行動しなくてはならないため、この方法をとることはできません。

DRILL. 06 「泥棒に追い銭」ゲーム・ドリル

次の場合、あなたはどのように対応するでしょうか。事例で学んだことを活用し、対応を考えてみてください。

✚賭け事をやめられない男

木村洋次さん（41歳）は、友人である桜井正さん（40歳）が度々お金を借りに来ることに困っています。

桜井さんは、学生時代までは、とても真面目で、賭け事など一切しませんでしたが、ある時、友人とやった競馬が大当たりして、数十万円を手にしたことで、すっかり賭け事にのめり込んでしまいました。

毎週末になると、朝から場外馬券場や競輪場に出かけます。たまに儲かることはあ

ります が、ほとんど予想が当たることはありません。

貯蓄も使い果たして、ついに木村さんにお金を借りに来るようになりました。

木村さんは、お金を使い果たしても賭け事にのめり込む桜井さんにやめるようアドバイスをしますが、桜井さんはそれでも賭け事をやめることができません。

＊＊＊

Q．このゲームから抜け出すためには、どうしたらいいでしょうか？

A．③「大人の対応を心掛けて事実を告げる」

桜井さんに借金をしてまで賭け事をする危険性を告げ、精神科医の診察、カウンセラーの援助、財産管理をしてもらうなど、周りの人の協力が必要であることを告げましょう。依存症に陥っているという認識が必要です。

④「ゲームの場から離れる」ことも有効ですが、木村さんのことを救うのなら、③「大人の対応を心掛けて事実を告げる」が最もよい方法と言えるでしょう。

GAME.07

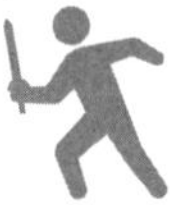

「ひどいものだ」ゲーム

「ひどいものだ」ゲームは、まるで自分が悲劇のヒーローやヒロインのように振る舞い、自分が周りからつらい目にあっていることを伝えるゲームです。仕掛け人は、周りの人から憐れみや同情を受けることを期待しますが、時に度を超すことがあり、周りの人たちから非難を受けることがあります。

✚憤慨するアルバイト店員（視点：仕掛け人）

高橋徹くん（21歳）は、コンビニエンスストアのアルバイトに一生懸命打ち込んでいます。高橋くんは、棚に商品を並べることは得意で、人より素早くできますが、どうしても「いらっしゃいませ」がすらりと言えません。何度やっても、妙にアクセントが違って笑われてしまいます。

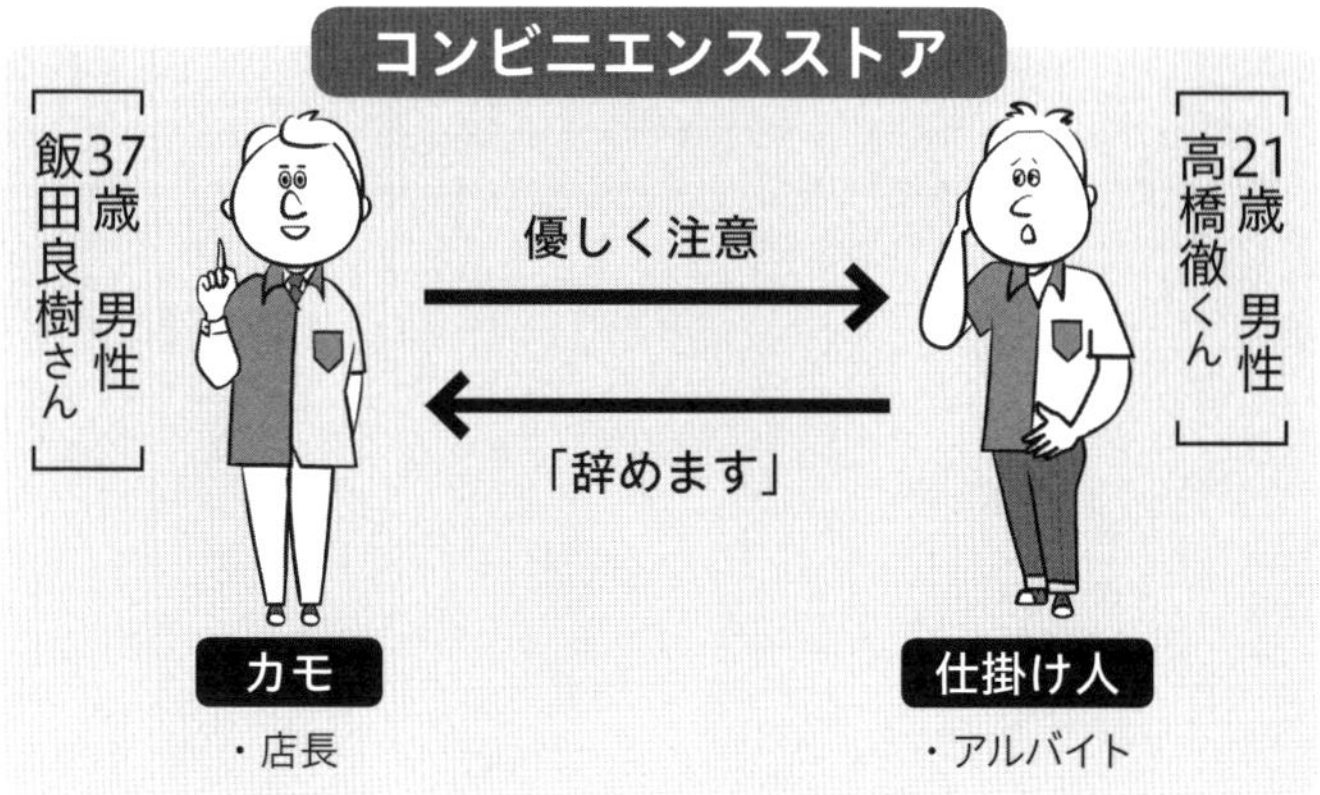

店長の飯田良樹さん（37歳）は高橋くんに、ことあるごとに指導をしますが、うまくいきません。

飯田さんは笑いながらも時々、

「どうしてこんな簡単なことができないのだろうね」

と首をかしげます。

高橋くんは、その首をかしげられることが、とても馬鹿にされたようで、嫌に思います。

ある時、たまたま、1つの商品が裏返しに置かれており、飯田さんはそれを高橋くんに優しく注意しました。すると高橋くんは怒った顔つきになり、

「ならば、僕は辞めます。この仕事、自分に合っていないし」

と言いました。

飯田さんは高橋くんの言葉に呆然とします。

「君はうちに必要だし、これからまだまだ伸びていくと思うよ」

高橋くんは首を横に振ります。

「いいえ。僕は何ひとつできません。だから辞めます。店長が毎日のように、お前には能力がないと言った通りです」

飯田さんは、

「能力がないなんて言ったことないじゃないか」

と言いましたが、高橋くんはアルバイトを辞めてしまいました。

＊＊＊

「ひどいものだ」ゲームの仕掛け人は、何かある度に、自分を被害者に仕立て上げ、ある特定の人物や周りの人からひどい仕打ちを受けていると漏らします。

他人から特別扱いをされたり同情されることを期待しますが、結果的にうまくいかず、かえって相手や周りからひんしゅくを買います。

このゲームはマスコミなどでも行われます。

例えば、ある政治権力者の汚職が問題となった場合、まだ完全な汚職の証拠も出ない前から、「日本の政治は大変なことになった」と騒ぎ立てます。

さらに、「我々の大切な税金を使って、汚職が行われている。すぐに糾弾せよ！」と報道します。そして、「我々有権者を馬鹿にするな！」と声を上げます。有権者の代わりにマスコミが仕掛け人となって、ゲームが行われている形です。

あまりに偏った報道が見られることもありますが、視聴者は、このマスコミの報道をとても面白く感じます。「ひどいものだ！」と声を上げれば上げるほど、視聴率がとれるわけです。

✚「ひどいものだ」ゲームの進行

「ひどいものだ」ゲームは、次のように進行します。

（1）前提

①仕掛け人が事態を深刻に考えて、ことさら、傷ついたと騒ぎ立てる
②仕掛け人は、騒ぎ立てるが、かえってひんしゅくを買う

③カモは、同情しやすい人や世話焼きの人に多い
④仕掛け人が、損をするので表面上はカモのように見える

（2）事件（混乱）が起こる

カモがうさんくさいと思い、仕掛け人に批判的になる

（3）結末（最終的にどのようになるか）

①仕掛け人に対して、悪いやつ・ずるいやつという批判やイメージが定着する
②仕掛け人が周りの支持を失って、孤立する

✚「ひどいものだ」ゲームから抜け出す方法

それでは、「ひどいものだ」ゲームから抜け出すためにはどうすればいいでしょうか？

このゲームには、②**「仕掛け人の否定的な気持ちに反応しない」**が有効です。

具体的には、仕掛け人に同調しないことが大切です。仕掛け人に同調してしまうと、

相手の問題がそのまま自分の問題となることがあるからです。そうならないよう、相手との距離を保つようにしましょう。

先ほどの事例の場合、高橋くんの心の痛みを知って和らげる必要がありました。

例えば、店長が、

「いろいろと助かっているよ」

「うちの大切な戦力だ」

などのように、**日頃からポジティブな言葉がけを心掛けて**いたら、高橋くんの持っている自分を否定する気持ちが和らいで「辞める」とは言わなかったかもしれません。

「いらっしゃいませ」の練習の度に、高橋くんは自分を否定し、不満な気持ちを少しずつ溜めて限界点まで達した可能性があります。

③**「大人の対応を心掛けて事実を告げる」**は、相手の否定的な気持ちを助長させる恐れがあります。

④**「ゲームの場から離れる」**もすでにゲームが起きた後では難しいでしょう。

DRILL.07

「ひどいものだ」ゲーム・ドリル

次の場合、あなたはどのように対応するでしょうか。事例で学んだことを活用し、対応を考えてみてください。

✚モンスター・ペアレントの父親

中学2年生の遠藤峰雄くん（14歳）は、英語の授業前に、筆箱を忘れたことに気がつきました。隣に座っている男子生徒からシャープペンを借りようとしましたが、「今日は1本しか持ってきていないので貸せない」と断られました。ほかの生徒からも借りようとしましたが、授業がはじまってしまったのであきらめました。

なぜなら、英語を担当する田所英夫先生は厳しい人で、授業中に私語をしようものなら、厳しく怒られるからです。その日はノートをとらないで、やり過ごしました。

ところが、家に帰って、そのことを父親に話すと、父親は腹を立て、すぐに苦情の電話を学校に入れました。

「なぜ筆記用具を忘れたくらいで、授業に参加できないんだ！　おかしな学校だ。明らかに、うちの子どもはいじめにあったし、英語の教員から学習権を奪われた」

電話に出た教頭は「いじめ」「学習権を奪う」という常に神経をとがらせている言葉を聞いて、田所先生を呼んで事情を聞きました。

田所先生は、まったく身に覚えがありません。その日は生徒を叱りつけたわけでもないし、いじめがクラスの中で発生していた事実も見受けられませんでした。

事情を詳しく聞くために、田所先生自ら遠藤くんの父親に電話をして、

「どのような事情か、詳しく教えていただければ幸いです」

と下手に出て尋ねたのですが、それが父親の怒りの炎に油を注いでしまいました。

「お前は教室で起こっていることがわからないのか。何を見ているんだ！」

父親は電話を切って、すぐに教育委員会に電話で抗議しました。

「私の息子が通っている学校でいじめが起きているのに、先生方が無視をする。事実

さえ認めようとしない」

と話がどんどんとエスカレートしていきます。

父親は学校からひんしゅくを買いますが、構わず騒ぎ立てます。

＊＊＊

Q．ゲームを終わらせるためには、どのように対応すればいいでしょうか？

A．②「仕掛け人の否定的な気持ちに反応しない」

カモになってしまった田所先生は、英語の先生であり、遠藤くんの担任ではありません。そのため、田所先生だけで対応するのは難しい問題です。

遠藤くんの父親と担任の間に信頼関係が築かれているのであれば、担任に頼るといいでしょう。

遠藤くんの父親と担任に信頼関係が築かれていない場合や担任に頼ることが難しい場合は、遠藤くんの父親のことを持ち上げるように対応しましょう。例えば、

「お父様の子どもを思う気持ちは素晴らしいです。ぜひ、ご参考にさせていただきたいです」

など、仕掛け人を褒めるとよいでしょう。

仕掛け人は、マイナスの情報に鋭く反応するため、③「大人の対応を心掛けて事実を告げる」ようにすると、相手が逆上する可能性があります。事実を伝えるよりも仕掛け人と信頼関係が築けるまでは、ポジティブなことを伝えるようにしましょう。親御さんにお子さんのポジティブな情報を何度も伝え、

「この先生なら信頼できる」

と思ってもらうことができたら、

「お子さんはとても素晴らしいですが、たまにマイナスな面も見受けられます。一緒にマイナスの面も見ていきましょう。子どもの成長には親御さんの力が必要です」

と下手に出てから、生徒のマイナスなことを伝えるとよいでしょう。

GAME. 08

「不幸な私」ゲーム

「不幸な私」ゲームは、「ひどいものだ」ゲームと似ていますが、こちらは、消極的かつ憂うつなやりとりが発生します。愚痴や悪口などが多く発せられることが特徴です。

✚出世できない会社員（視点：仕掛け人）

富岡健司さん（47歳）は、実直な仕事ぶりや、部下に対する配慮など、会社の中では信望が厚く、昨年、営業課長補佐になりました。次の人事異動では課長に昇格、55歳前後で部長になるのではないかと言われています。

ところが次の人事異動では、富岡さんへの発令はなく、課長への昇格は見送られました。それでも、飲み会で、

「次は必ず昇格しますよ。富岡さん以外は考えられないですよ」

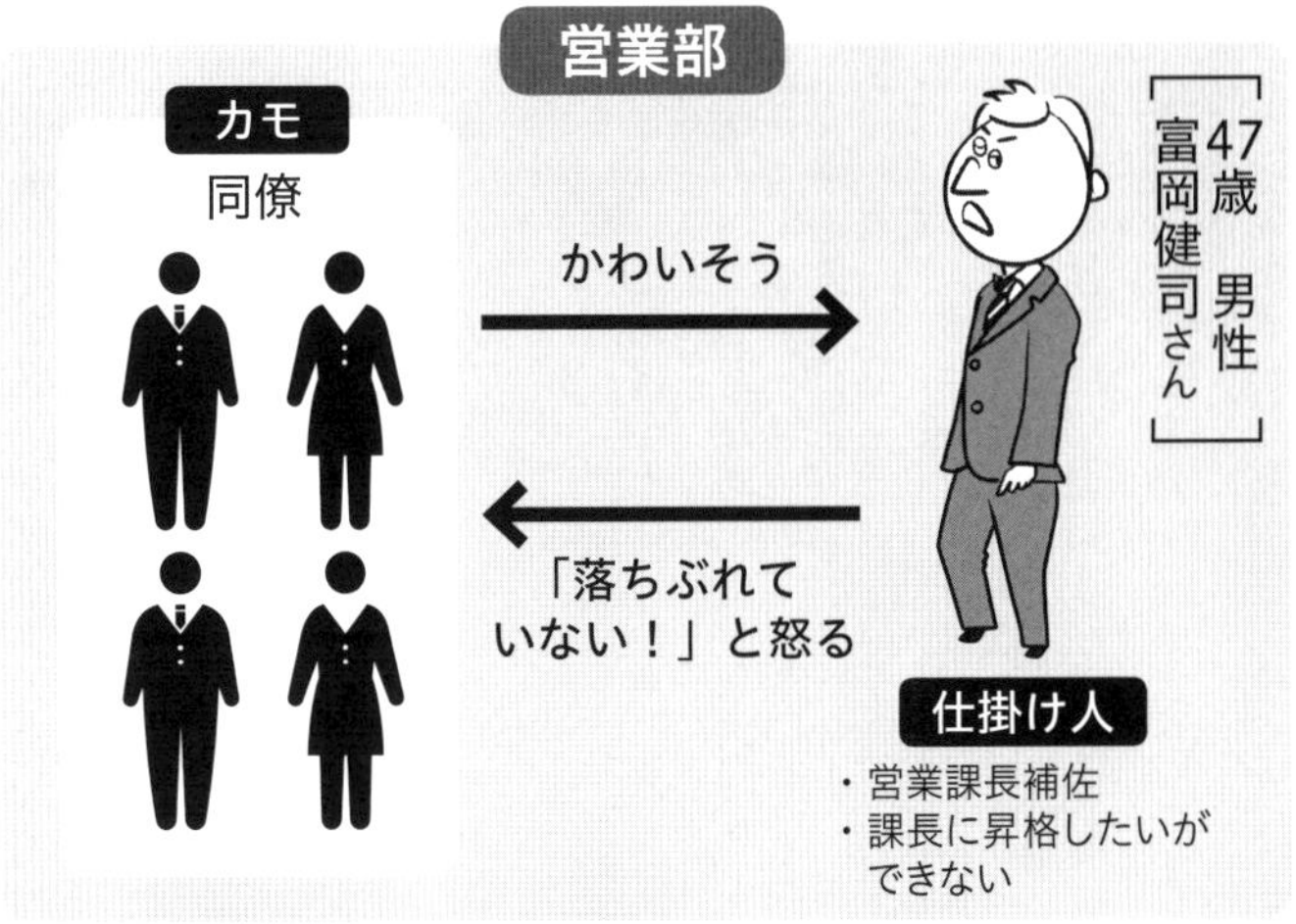

と同僚たちに言われて、

「私のような者を支えてくれてありがたく思う。本当にありがとう」

と、まんざらでもない気持ちでいました。

しかし、次の人事異動でも富岡さんへの発令はありませんでした。残念会の飲み会で、富岡さんも愚痴を言ってしまいます。

「俺はさ、26歳で入社したんだ。父親が酒飲みで、稼いだ金は全部酒代だった。大学時代はアルバイトをして自力で大学を卒業したけれど7年かかってさ。まともに22歳で大学を卒業していれば、俺は今より4年早く入社できたんだ。そうなっていたら、今頃はとっくに課長になっていたさ」

同僚の1人が、うんうんと聞きながら、

「でも、その苦労が富岡さんの実直な性格をつくったのではないですか？　決してマイナスではないと思います」

とフォローしますが、富岡さんは耳を貸しません。

「生まれた家は悪いし、出世は遅いし。神様が味方してくれていないのかあ」

だんだんと、陰気な富岡さんの話に同僚たちも暗い気持ちになっていきます。

「運命が自分を助けてくれない。そんな自分がいつも嫌になる」

富岡さんは涙目になっています。周りの同僚たちは、富岡さんの気持ちになんとか寄り添ってあげようと、いろいろと言葉をかけます。

「かわいそうだなあ。でも、富岡さん。みんな富岡さんの味方ですよ」

富岡さんは同僚が言った「かわいそう」という言葉に反応しました。

「こんな俺だけどね。他人に哀れまれるほど、落ちぶれていないよ。つい愚痴ってしまったけれど、俺には俺なりのプライドはある。哀れみはやめてほしいね」

言葉を返された同僚は一瞬むっとしてから、

「それなら愚痴ばかり言っていないで、もう少し生産性の高い話をしましょうよ」

と伝えますが、富岡さんは今度は悲しい顔をして、

「俺の気持ちをちっともわかってくれないか……。なんだかとっても寂しいよ」

と、またしてもマイナスな言葉を口にしました。

＊＊＊

「ひどいものだ」ゲームが、はっきりと不満を申し立てるのに対して、**「不幸な私」ゲームは悲しい顔で陰気な話を続けるのが特徴**です。

仕掛け人には、自分の今ある不幸が、決して自分のせいではない、それをそのまま受け止めてほしいとの思いがあります。そのため、不幸で陰気な話になりがちです。聞いている側が嫌になって、その話の腰を折ろうものなら、「自分のことをわかってくれない」と、話の腰を折った者を恨んだりします。

また、**仕掛け人には、それなりのプライドを持っている人が多く、哀れみの情をかけられたら、たちまち不機嫌になって怒ります。**

相談を受けた場合も、対応を誤ると、「プライドを傷つけられた」「自分の本当の気持ちをわかってくれない」などと言われて、恨みを買う場合があります。

✚「不幸な私」ゲームの進行

「不幸な私」ゲームは、次のように進行します。

（1） 前提

①仕掛け人が、自分の不幸や自己嫌悪を示すことで、周囲の同情を集める
②仕掛け人が、悲しい顔や陰気な雰囲気を醸し出す
③カモは他人を救済する立場の人に多く、熱心であればあるほどカモになりやすい

（2） 事件（混乱）が起こる

①カモがしびれを切らして、具体的な解決の方法を提示する
②カモが強い同情を示す、もしくは同情をまったく示さない

（3） 結末（最終的にどのようになるか）

①仕掛け人が孤立し、自己卑下や自己嫌悪（ラケット感情）に陥る
②仕掛け人が、見捨てられると不安になり、引きこもる可能性もある

✚「不幸な私」ゲームから抜け出す方法

それでは、「不幸な私」ゲームから抜け出すためにはどうすればいいでしょうか？

「不幸な私」ゲームでは、仕掛け人に「自己嫌悪」というラケット感情が働いて、その自己嫌悪を伝えることで、周りの人間をコントロールしようとします。

周りをコントロールすることが目的なので、周りが同情すると、怒りを買い、話に乗らないと恨みを買ってしまうので、とても厄介です。

このゲームから抜け出す最も効果的な方法は、④**「ゲームの場から離れる」**です。何よりまず、仕掛け人の話に乗らないことが大切です。

また、③**「大人の会話を心掛けて事実を告げる」**ことも、1つの防御策になります。「同情すると何か怒っているように見えるし、話を変えようとすると悲しい顔をするし、どうすればいいかわからないです」と伝えるといいでしょう。

②**「仕掛け人の否定的な気持ちに反応しない」**も有効です。仕掛け人のラケット感情に反応しなければ、ゲームがはじまることもありません。

DRILL. 08

「不幸な私」ゲーム・ドリル

次の場合、あなたはどのように対応するでしょうか。事例で学んだことを活用し、対応を考えてみてください。

まじめな夫に不満な妻

杉山園子さん（45歳）は、友人たちに自分の結婚を嘆いています。

「もう少し旦那に根性があったら、どれだけ幸せかわからない。この年ならダイヤの指輪1つくらい持ってもいいのに、全然その可能性もない」

園子さんは2階建ての持ち家があり、コンパクトながら自家用車も持っています。息子はとても優秀で、地域の進学校に通っており、友人たちは園子さんがそこまで貧乏な生活だとは思いません。

しかし、園子さんは、そんな生活を不満に思っているようです。

「旦那は帰宅するといつも自分の部屋でパソコンをして、家族の相手をしない。仕事ばかりの堅物で、全然面白くない。給料も少ないし。あんな男を選んで不幸だわ」

友人の荒川綾子さん（43歳）が、慰めるように言います。

「仕事ばかりしているのね。働かない男よりましだけど、それは寂しいかもね」

その言葉に、園子さんはむっとした顔になって、

「他人に同情されるほど、ひどい生活を送っていないけどね。でも、もっと楽しい男と結婚すればよかった。結婚したいと思った時は周りに旦那しかいなかったのよね」

綾子さんは、「他人に同情されるほど」と言われ、そのどこか敵意のある言い方に内心むっとしてしまいます。それでも気を取り直し、

「女1人で暮らしていくのも大変だものね。でも、不真面目な男より、誠実で働き者の男でなによりよ」

その言葉に、また園子さんはむっとします。

「こんな私でも、結構モテたのよ。どうしても私と結婚したいと言っていた電気会社の社長がいてね。でも、お金がある分、女遊びもしそうで今の旦那と結婚したの」

綾子さんは、話しをしていて、わけがわからなくなってきます。ならば、女遊びもしない今の夫がいいのではないか。結局、園子さんは不幸な自分に浸りたいだけなのだという感じがして腹が立ちました。話を聞いていて馬鹿らしい気持ちになります。

「ならば、今の生活は十分に幸せなのでは？　１００％の男なんていないものよ。そんなに嫌なら離婚すればいいじゃない」

園子さんは、今度は悲しそうな顔をして、

「ひどいことを言うのね。とても傷ついたわ。やっぱり、誰も私のこの悲しい気持ちをわかってくれないのね。私って孤独ね」

と、言いました。

＊＊＊

Q. ゲームから抜け出すために、綾子さんはどうすればいいでしょうか？

A. ②「仕掛け人の否定的な気持ちに反応しない」と④「ゲームの場から離れる」

園子さんの自分を否定する気持ちに反応しないのが一番です。反応してしまうことで、ゲームに巻き込まれてしまうからです。

また、そもそも話を聞かないようにするという方法もあります。

ゲームは、繰り返し行われるので、「またはじまった」と思ったら、お手洗いに行くなど静かにその場を離れる工夫をするといいでしょう。

GAME.09

「弱みの正当化」ゲーム

「弱みの正当化」ゲームは、仕掛け人が自分の弱みを相手にさらけ出すことで相手の同情を受け、自分の間違いや責任から逃れるものです。このゲームは、仕掛け人が自分の不利な状況をうまく利用するのが特徴です。

✚ガンでもタバコをやめられないヘビースモーカー（視点：仕掛け人）

山本雄一さん（64歳）は、商社を退職後も再雇用で同じ会社に勤めています。ヘビースモーカーという点以外は、これといった欠点もない人です。

山本さんの仕事ぶりは実直で、自分に任された仕事は、きちんと完璧にやるというタイプで、何度か昇進試験を勧められましたが、自分には管理職など似つかわしくないと、定年まで平社員で過ごしました。

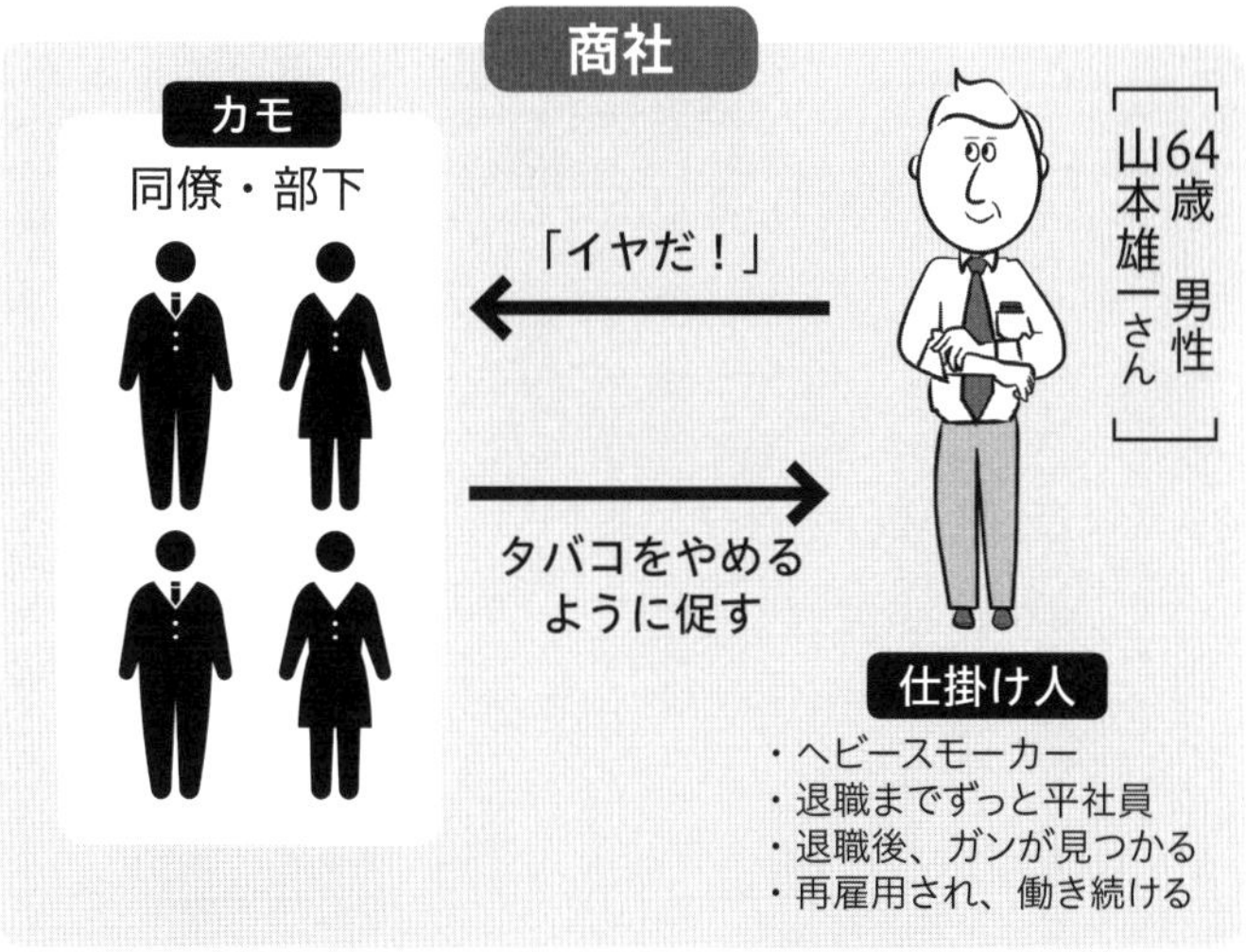

平穏無事に過ごしてきた山本さんですが、退職の年、ガンになってしまいました。幸い初期に発見されたので、手術で治療ができました。医師からは、煙草をやめるように言われていますが、仕事の合間に今も煙草を吸っています。

部下が、

「山本さん。煙草を吸っていたら、ガンが再発してしまいますよ。体に気をつけてください。家族のみなさんも心配しますよ」

と言いますが、山本さんは聞く耳を持ちません。逆に、

「煙草を吸わないと、余計ストレスが大きくなって、いよいよガンが再発してしまうよ。この年になったら、いつ病気が発生し

てもおかしくないさ。病気の心配よりも、好きなものを食べたり、煙草を吸ったりすることが大切になってくるんだ」

と、頑として煙草をやめる気配がありません。

ガンになって禁煙した同僚が口うるさくいっても山本さんは、

「人間、長く生きたって、短く生きたって行き着く先は、死だからね。まして、俺は64年も生きたんだからこれでいいんだよ」

と聞く耳を持ちません。

会社の人はそれ以上何も言えなくなってしまいました。

＊＊＊

「弱みの正当化」ゲームは、仕掛け人が、自分の過ちの弁解をしたり、責任を負うことを避けるために、自分の弱点をことさら強調することが特徴です。

事例では、煙草をやめられないという弱点があり、それを正当化するために、煙草を吸うことが精神的なストレスを和らげると強調しています。

このようなもっともらしい理屈をつけて、自分の行動を正当化する行為を「合理化」といいます。

イソップ物語に『すっぱい葡萄』というお話があります。キツネが葡萄の実をとって食べようとしますが、葡萄の実は木の高いところにあって、なかなかとれません。キツネは何度もジャンプをしてとろうとしますが、結局失敗に終わります。

そこで、キツネは、

「あの葡萄の実は、すっぱいに違いないので、とったって仕方がない」と、もっともらしい理由をつけて、自分が葡萄を手に入れられない行動を正当化します。これが、合理化です。

葡萄の木のてっぺんにある葡萄が「すっぱい」という科学的根拠はどこにもありません。しかし、それを「すっぱい」と合理化することで、心が傷つかないようにしています。

同じように、山本さんも煙草をやめられないという弱点で自分が傷つかないように合理化を行っています。

「弱みの正当化」ゲームの仕掛け人は、自分を否定する立場にありながら、その否定されるべき部分を合理化して、否定されることを拒否しようとするのです。

仕掛け人のほとんどは、「人生の先が見えている」などと述べます。

つまり、自分の殻を破るほどの努力や壁を乗り越える忍耐力などを持ち合わせていないのです。殻や壁にぶつかれば、傷ついたり、悲しんだりすることが多いので、無理にそれらを乗り越えようとはしません。

先ほどの例で言えば、山本さんは出世をして自分の人生の新たなステージをつくろうとしてきませんでした。もちろん、人それぞれの生き方があるので、山本さんの生き方は生き方で、尊重すべきだと思います。

ただ、この態度が、自分の疾病の克服の仕方に表れてきます。

病気を克服するために、新たな環境に自分を投じるのでなく、あくまでも、今までの自分の方法（喫煙など）を推進しようとします。

このゲームの仕掛け人は、優劣を決する現実に直面し、勝てないと判断した場合は

降りてしまう人間に多いとされています。

✚「弱みの正当化」ゲームの進行

「弱みの正当化」ゲームは、次のように進行します。

（1）前提

①仕掛け人が自分の弱みを合理化して、責任から逃れる
②仕掛け人に対して、カモが許容的な態度や寛大な態度をとる
③カモは、相手の話に共感して許す人に多い

（2）事件（混乱）が起こる

弱みを乗り越える方法が具体的に出る、弱みを克服しようとする

（3）結末（最終的にどのようになるか）

①仕掛け人が自己卑下をしたり、挫折感を味わう

②やってもやはり無駄に終わったと思う

✚「弱みの正当化」ゲームから抜け出す方法

それでは、「弱みの正当化」ゲームから抜け出すためにはどうすればいいでしょうか?

効果的な方法は、③**「大人の対応を心掛けて事実を告げる」**です。

先ほどの山本さんの事例を見てみましょう。

まず、責任をしっかりとるように十分な話し合いが必要です。煙草をやめさせるのは、配偶者、子ども、仕事の同僚など、説得する立場にいる人が多いでしょう。時に専門家を交えて、科学的に証明することが必要です。煙草をやめると本当にストレスで心がだめになってしまうのか、だめになるのなら何%の割合で起こるのかなどの事実を確認しながら、共に合理的に判断をしていきましょう。

また、人生の行き着く先が決まっていると考えるのであれば、本当にそうなのかも話し合う必要があります。本当に64歳から後は死ぬことだけなのか。子どもたちの行く末を見ないのか。ボランティアなど、他人のために生きられないのか。生きるとはどのようなことなのかを話し合う必要もあるかもしれません。

この場合も事実を告げながら、仕掛け人を受け入れて合理的に話していくことが必要となります。

②「仕掛け人の否定的な気持ちに反応しない」と④「ゲームの場から離れる」は、ゲームに巻き込まれないかもしれませんが、根本的な解決にはならないでしょう。

DRILL. 09

「弱みの正当化」ゲーム・ドリル

次の場合、あなたはどのように対応するでしょうか。事例で学んだことを活用し、対応を考えてみてください。

✚なんでも育ちのせいにする青年

外山幹夫くん（17歳）は、高校を中退して働いています。

高校時代は、先生に反抗したり、友達に暴力を振るったりして問題児と言われ、多くの教員が外山くんを避けて、話をするのも嫌がっていました。

外山くんには父親がいません。両親は幼い頃に離婚をしていて、現在、母親と2人暮らし。父親のことはまったく覚えていません。母親は看護師で、幼い頃から家に母親はおらず、いつも1人でお弁当を買って食べていました。

高校2年生の時、同級生を恐喝して、そのまま退学になりました。唯一、自分のことをわかってくれる教員がいて、その教員に退学する折、いろいろと打ち明けました。

「自分は父親がいなくて、母親も家にいない。このひねくれた性格は、そんな育ちのせいだと思う。学校を辞めて働いて暮らしていきたいと思う」

外山くんの話を聞きながら、その教員は、うんうんと頷き、

「どんな環境でも、ひねくれないでしっかりと頑張れ」

と言ってくれました。

その後、社会に出ても暴力を振るう癖はなおらず、外山くんは警察の厄介になりました。幸い起訴猶予になって、刑罰を受けることはありませんでした。

警察で説教を受けた時も、彼は教員に言ったことと同じことを言いました。

「自分は幼い頃、親が離婚して母親も家にいなくて、親の愛情をまったく受けないで育ってきた。自分がひねくれて、警察の厄介になるのも、たぶんそのせいだと思います」

取り調べの警官が外山くんに向かって、

「君はずっと、親の離婚を背負っていくのかい？　つまり、これからも暴力を振るって、警察の厄介になるということかい」

と聞きます。外山くんは少し考えてから、次のように答えました。

「警察にまた捕まるようなことはないように努力します。でも、このひねくれた性格はなおりそうにもありません。幼い頃親の愛情を受けて育ったことのない者に、素直な心になって生きろなど無理な話でしょう。どっちみち、高校を中退した自分には、そんなに華やかな未来なんてないですよ。希望などまったくないですね」

＊＊＊

Q．このゲームを終わらせるためには、どうしたらいいでしょうか？

A．③「大人の対応を心掛けて事実を告げる」

外山くんは、「自分は親が離婚をして、幼い頃から、親の愛情を十分に受けて育っていない。だから、自分は暴力を振るってしまう」という、「弱みの正当化」ゲームを行っていますが、親の愛情を十分受けて育っていない人でも、暴力や犯罪行為に及ぶことなく、立派に社会で生きている人もいます。親が離婚したすべての人が、暴力行為をするわけではありません。

外山くんは高校を中退して、自分の将来がないと言っています。これは、このゲームを起こす人の1つの特徴である「人生の先は見えている」という考えですね。

さらに、自分の暴力行為が、起こるべくして起こったという理屈を立てています。これは合理化です。

外山くんが「弱みの正当化」ゲームをやめるためには、周りの人のサポートが必要です。本当に「親が離婚をした子どもは暴力的になるのか」「高校を中退した外山くんには、将来がなく、行き着く先が見えているのか」をじっくり話し合いましょう。客観的な事実を確認するのです。

まず、親が離婚しても暴力を振るわない人はいるし、社会的に成功している人もいることを指し示すのがいいでしょう。

さらに、高校を中退しても、また別の高校に通えることを伝えて、決して、それで将来がすべて決まるわけでないことを指し示しましょう。

理性的に話し合うことが大切で、弱みを合理化させないこと、また、合理化をしても、それが間違っていることを指し示すことが有効です。

GAME. 10

「すみません」ゲーム

「すみません」ゲームは、謝ることで相手の同情を買ったり、気を引いたり、相手から許しを得るゲームです。非難をされた場合に、その非難をかわすのに行ったりします。

✚時間を守らない上司（視点：仕掛け人）

証券会社に勤める原田敏夫営業部長（57歳）は、とても忙しい人です。

各界の著名人との会合が多く、また、最近は自分の著作の本も書いており、超過密スケジュールをこなしています。

大変人当たりもよく、部下思いの人なのですが、最近、部下たちからひそかに批判の声が上がっています。

それは、時間を時々守らないことです。

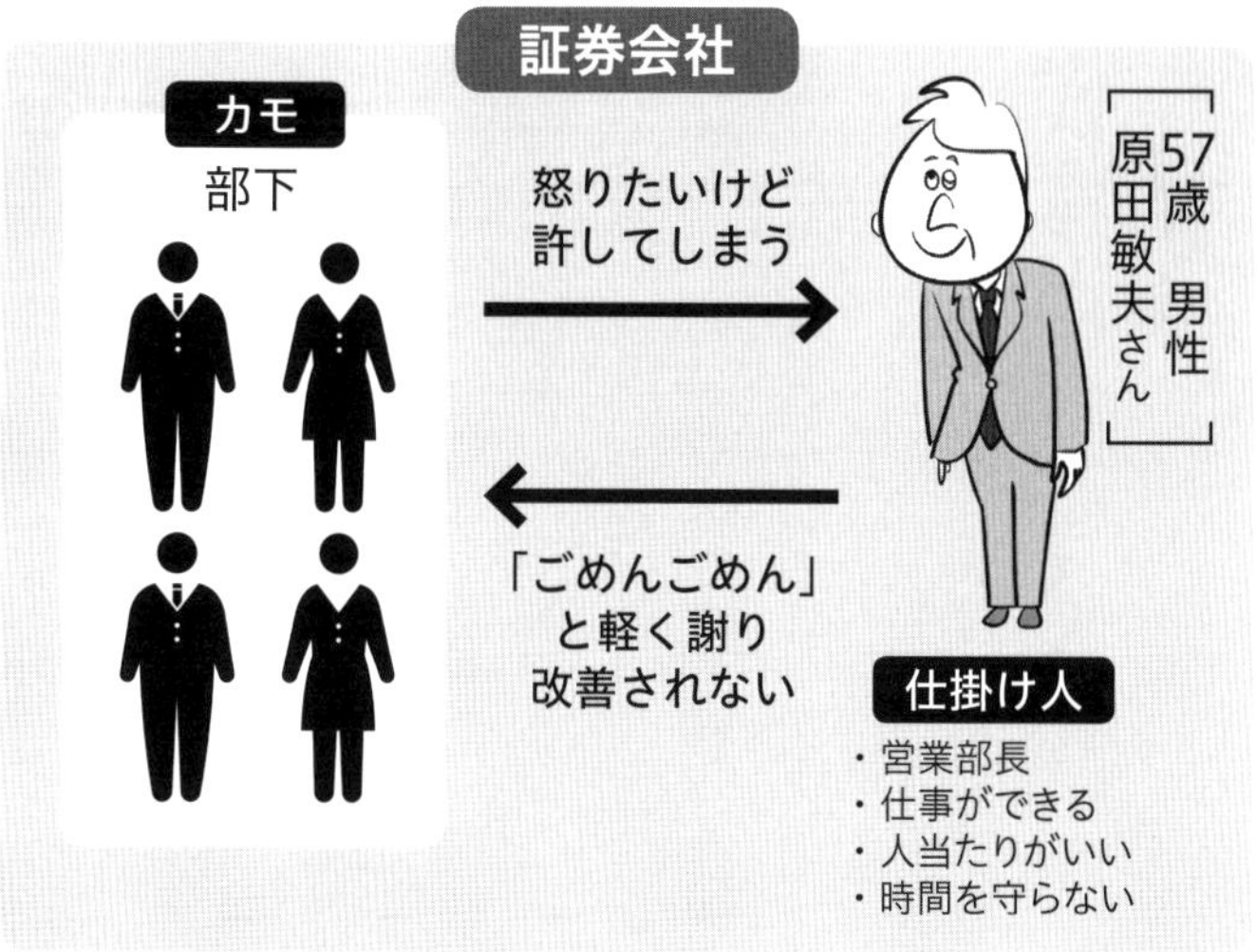

例えば、営業第一課が考えた新しい金融商品の売買の方法についてプレゼンがあった時に、いつまで待っても、部長が現れないことがありました。

部長はその時、他の証券会社の役員と打ち合わせをしていたのですが、30分経ってからやっと現れて、

「いやあ、ごめん、ごめん。遅れてしまった」

と、にこやかに一言述べただけで、なんの説明もありませんでした。

こんなことが、最近度々あって、周りの人たちはとても迷惑をしています。

＊＊＊

「すみません」ゲームは、仕掛け人が巧みに自己卑下を表明することで、相手に許しを乞います。

仕掛け人は、自分の非を棚にあげて、「これだけ謝ったのだから許してくれるだろう」と考えます。

時には、「いつまでも許してくれないとは、大人げない人だ」などのように、逆にカモを攻めることもあります。

カモは、「怒ることは大人げない」「チームの結束を乱すのはよくない、自制が大切」という思いから、結局、許してしまうのです。

仮に、カモの堪忍袋の緒が切れて怒ろうとしても、その時にはすでに、自分以外の周りが許しはじめていることが多いのです。

このゲームの仕掛け人は、幼い頃、物を破壊したのに親から強く叱られたことがない人が多いとも言われています。

例えば、他人の物を壊しても、親から「悪気はなかったのだから、大丈夫」と言われたことが多いのです。

そのため、成長しても、また、それが人間関係の場合でも、同じように謝罪をすれば許されると思っているのです。

✚「すみません」ゲームの進行

「すみません」ゲームは、次のように進行します。

（1）前提

①仕掛け人が、物や人間関係を壊すなど、不作法なことを行う
②仕掛け人が、自己卑下をしながら巧みに謝罪する
③カモは、自制心が強い人や怒ることを恥とする人、忍耐強い人に多い

（2）事件（混乱）が起こる

①カモの自制心が崩れて、不満や怒りが爆発する
②「本心でないので許してください。怒るなんて大人げない人だ」と言う仕掛け人と、「謝れば、それでいいのか」と言うカモの攻防がはじまる

（3）結末（最終的にどのようになるか）

①仕掛け人が、望み通りに許してもらえる

②仕掛け人が、カモから激しい怒りや恨み、敵視、復讐を受ける

✚「すみません」ゲームから抜け出す方法

それでは、「すみません」ゲームから抜け出すためにはどうすればいいでしょうか？

③「大人の対応を心掛けて事実を告げる」が有効です。

事が大きくならないうちに、仕掛け人に、感情的にならずに事実を告げ、反省を求めることが大切です。

注意すべきは、決して許さないことです。

先ほどの事例の場合、

「毎回、遅れてくると、私たちはその間、仕事ができません」

「遅刻で会議が遅れると、仕事の効率が悪くなってしまいます」

など、大人の対応で伝えるといいでしょう。

もし、相手が上司で言いづらかったら、その上の上司から言ってもらう、集団で談判するという方法もあります。

事実を伝える時は、まず、「いつも、大変なお役目、ご苦労様です」「いつも、大変お世話になっています」などのように、相手の苦労を労ってから、こちらの大変さを、感情を十分に表しながら語るといいでしょう。

②**「仕掛け人の否定的な気持ちに反応しない」**では、同じことが繰り返されますし、④**「ゲームの場から離れる」**は、問題が解決しないため、ゲームを終える方法としてはオススメしません。

DRILL. 10

「すみません」ゲーム・ドリル

次の場合、あなたはどのように対応するでしょうか。事例で学んだことを活用し、対応を考えてみてください。

✚酒癖の悪い同僚

鈴木健司さん（55歳）は酒癖が悪いことで有名です。酒乱で暴れることはありませんが、酒の席で言いたいことを言う癖があります。

栄転する同僚の送別会でも酔っ払って、

「お前はたいした仕事をしなかったのに、それなりに出世コースに乗っているな」

「こんな会社、たいしたことのない会社だ。あくせく働いて、みんな馬鹿みたいだな」

「よっ！　給料泥棒。どうせ結婚までの腰掛けでしょう。いい男が見つかるといいね」

などと散々の言いようです。

みんな鈴木さんに腹を立てていますが、栄転のおめでたい席では喧嘩を控えなければなりません。

また、鈴木さんのいる課は、自制心の強い社員が多く、感情を露わにして怒ることを恥としています。

それを知ってか、鈴木さんは言いたい放題で、周りの人の気持ちなどまったく無視しています。


翌朝、鈴木さんが言いたい放題言ったことを謝りに課内を歩き回っています。

「あれは俺の言葉でなく、酒が言わせた言葉です。申し訳ございません」

それを聞いた人たちは、「とりあえず謝ったのだから、よしとしよう」と、暗黙の了解で許します。

しかし、考えてみれば、もう何年もこの繰り返しで、その度に課内はどんよりとした空気が漂っています。

そこに入社2年目の佐竹義信さん（24歳）が、腹を立てて大声で叫びました。

「鈴木さんはいつも言いたいことを言って、すべて酒のせいにする。本当はすべて本心でしょう？　酒にかこつけて、本心を言っているのですよね。私は許しませんよ。とても腹が立ちます。人をだまして悪口を言って、そして許そうとしてもらっている！」

佐竹さんの顔は怒りの表情で、絶対許さないという決心が出ていました。

そんな佐竹さんに鈴木さんは、

「お酒が言わせた言葉だと説明しただろう！　不可抗力だ！　謝っているのだから、それでいいじゃないか！」

と、まくしたてました。

＊＊＊

Q．ゲームから抜け出すために、佐竹さんや同僚はどうしたらよかったでしょうか？

A．③「大人の対応を心掛けて事実を告げる」

事例の佐竹さんは、きちんと事実を告げていますが、「大人の対応を心掛ける」という点が足りませんでした。

「昨日の飲み会で、他人を侮辱する発言がありましたが、どのような意味ですか？」

「昨日の鈴木さんの言葉で、とても傷つきました。もうやめてください。謝ってすむ問題ではありません」

と感情的にならずに伝えることが大切です。喧嘩にならないように、冷静に、事実とそれによって困っていることを告げればいいのです。そして、何度もこのゲームが繰り返され、事が大きくなる前に、ゲームから抜け出すようにしましょう。

場合によっては、

「鈴木さん、悪いんですけれど、鈴木さんの言葉でとても嫌な思いをしている人が多いので、飲み会は控えてもらえますか？」

と制限を加えてもいいでしょう。

鋭く迫っていくことで、仕掛け人は、人間関係は簡単に壊してはいけないもので、壊すと修復しづらいものであることを認識できるようになります。

Stage 4

人間関係ゲームに巻き込まれない技術

Lv.07

カウンセリングの技術を使ってゲームを回避する

✚人間関係ゲームに巻き込まれないためには

Ｓｔａｇｅ２・Ｓｔａｇｅ３では、人間関係ゲームから抜け出す方法として、

①「ミスをしない」
②「仕掛け人の否定的な気持ちに反応しない」
③「大人の対応を心掛けて事実を告げる」
④「ゲームの場から離れる」

の４つをご紹介しました。

これらの方法は、人間関係ゲームの性質を踏まえたうえでの対応の方法ですが、ゲームから抜け出す方法はほかにもあります。

それは、カウンセリングの技術を応用することです。この方法によって、

①相手が仕掛けてくる会話や行動に対して柔軟に対応できる
②弱腰や攻撃的になることなく、適切かつ多様な対応ができる

ようになり、ゲームを仕掛けられても、巻き込まれなくてすむようになります。

カウンセラーとクライアントも、時にゲームの仕掛け人とカモの関係になることがあります。例えば、「法廷」ゲーム・ドリル（70ページ参照）では、原告役と被告役を演じる2人のクライアントにカウンセラーが挟まれます。この時、カウンセリングの技術を知らない場合は、仕掛け人の罠にはまり、まんまとゲームに巻き込まれてしまいますが、熟練したカウンセラーであれば、クライアントの会話に柔軟に対応して、ゲームから抜け出すことができるのです。

Ｓｔａｇｅ２・Ｓｔａｇｅ３では、ゲームに巻き込まれてしまったうえでの対処法をお話ししましたが、Ｓｔａｇｅ４では、**カウンセリングの技術を応用し、会話など、対応の質そのものを変えることで、そもそもゲームに巻き込まれない方法についてお話ししましょう。**

Lv. 08

「マイクロカウンセリング」の5つの技術とは

マイクロカウンセリングについて

このＳｔａｇｅでご紹介するのは、「マイクロカウンセリング」の技術を応用した方法です。

マイクロカウンセリングとは、アレン・Ｅ・アイビィが、１９６０年代にアメリカで開発した手法です。一口にカウンセリングと言っても、多種多様な流派や技法があります。アイビィはこれらを研究する中で、面接スタイルに共通のパターンがあることに着目して、分類を行いました。

彼が大別したのは、

①基本的かかわり技法

②積極的かかわり技法
③技法の統合

の3つ。ここでは、比較的身につけやすい「基本的かかわり技法」を紹介します。

「基本的かかわり技法」には、次の5つの技術があります。

・励まし
・質問の仕方
・感情の反映
・言いかえ
・要約

✚「励まし」でメッセージを送る

「励まし」とは、**うなずきやあいづち**、キーワードなどの繰り返しです。

相手の話にうなずいたり、あいづちを打ったりすることは、「あなたの話をきちんと聞いていますよ」「理解していますよ」というメッセージを伝えることにほかなりません。その結果、相手は自分を肯定されたと感じます。うなずきやあいづちが励ましと言われるゆえんです。

カウンセラーとしての経験から言うと、**あいづちやうなずきを多く用意しておいたほうがいいでしょう**。目的に応じて使い分けることができるからです。例えば次のようなものがあります。

①「相手の話を聞いている」というメッセージを送るもの

「うん。うん」「ふん。ふん」（小刻みに受け答えをする）

②「相手の話を深く聞きたい。もっと話してくれ」というメッセージを送る

「うんうん」（もっと聞きたいという思いを込めて強めに行う）

③「深く納得した」というメッセージを送る

「うーーん。うーーん」（なるほど、納得したという思いを込める）

④「そうか。わかった。ひらめいた」というメッセージを送る

「おっ」「あっ」「うん」（短く印象的に行う）

まずはこの基本的なうなずきやあいづちをマスターしましょう。

✚「質問の仕方」を使い分ける

「質問の仕方」には次の2つがあります。

1つが「閉じられた質問《クローズド・クエスチョン》」、もう1つが「開かれた質問《オープン・クエスチョン》」です。

「閉じられた質問」とは、質問に対して相手が「はい」「いいえ」で答えるものです。例えば、「今日は朝ご飯を食べましたか?」は、「はい。食べました」もしくは「いいえ。食べませんでした」のように、「はい」か「いいえ」だけの答えを求める質問です。何を食べたとか、なぜ食べなかったのかなど、それ以上の内容に立ち入ることはありません。

一方、「開かれた質問」は、「はい」「いいえ」だけでなく、その内容について答えを求めます。

「今日の朝ご飯は何を食べましたか?」は、相手が「今日の朝ご飯は、卵焼きと納豆と豆腐の味噌汁でした」と答える質問です。

「はい（食べた）」「いいえ（食べなかった）」という情報に加えて、「卵焼き」や「納豆」など具体的な内容をともなった答えが返ってきます。

「開かれた質問」は、相手に具体的な内容を話させることになるので、おのずと多くを語ることになります。多くを語ると、相手に対してそれだけ自分のことを話すことになります。その結果、徐々に相手に心を開いていくことにつながっていくのです。

この「開かれた質問」を適宜使うことで、ゲームに巻き込まれる前に、相手が語ることで相手の気持ちが少しずつ和らいでいきます。

✚「感情の反映」でマイナス感情を和らげる

「感情の反映」とは、相手が今抱いている感情をこちらが言葉に出して表現することです。相手が怒っているようだったら「何か腹を立てていますね」、相手が泣いていたら「悲しいのですね」と**感情を代弁する**のです。

相手に自分の感情を気づいてもらえると、「この人は自分のこと理解してくれている」と感じるものです。

また、感情は言葉として表現されることで、怒りや悲しみといった感情そのものが和らぐ効果があります。

ある事例をご紹介しましょう。

ドメスティック・バイオレンス（ＤＶ）で警察の事情聴取を受けていた男性が、どうして自分の妻に暴力を振るうのかと聞かれ、次のように答えました。

「妻が次から次へとまくしたてるので、私は全然、言葉を発することができなかった。そのうち、イライラしてきて手が出てしまった」

暴力を振るうのは、心理学上さまざまな原因が考えられますが、**暴力の引き金の大部分は、「むかつく思い」「殴りたくなる気持ち」を表現できないことに起因します。**

どうやらこの男性は会社から帰宅しても妻から無視されていたようです。もし、彼が「確かに、俺は給料が安いし、お前から白い目で見られるかもしれない。それでも俺が会社から帰宅しても無視するというのはひどいことだと思う。そんなことをされると俺は手を上げたくなる」

と妻に言うことができれば、仮に暴力を振るおうとしても、感情を溜めこんでいる時よりは、その程度は弱いはずです。

「キレる」というのは、言葉では表現できない腹立たしい思いが心の中で膨らんで、爆発して発散されることによるものです。言葉に出せないことで爆発するので、逆に言葉を発して、自分の感情を表現すると、怒りは収まっていきます。

これは、悲しさや虚しさといった感情でも同様です。

もし、相手が怒りをぶつけてきそうな時は、

「どうして怒っているのですか？　私にどんな悪いところがあったのでしょうか？」

と開かれた質問を投げかけ、相手に答えてもらうようにしましょう。そうすると、事例のようなＤＶも避けられるでしょう。

ただし、開かれた質問をしても、相手がそれに答えず黙っている場合は危険です。すぐにその場から離れるようにしてください。そして、そのような状況になる前に、少しずつ感情を吐き出させる（表現させる）機会をつくっていく必要があります。

✚「言いかえ」で共感していることを伝える

「言いかえ」は、相手が言おうとしていることを、聞いている側が言いかえて、どのように理解したかを伝える方法です。

例えば、

「チョコレートにしようかなあ。いや、飴のほうがいいかなあ。アイスクリームがいいかなあ」

と迷っている相手に、

「甘いお菓子が欲しいのですね」

と言えば、相手はこの言いかえによって、自分の話をよく聞いてもらっている、理解してもらっていると感じます。

たったこれだけでも、あなたは相手に「共感してくれる人」という印象を持たれ、ゲームに巻き込まれる可能性が低くなるのです。

✚「要約」でポイントを印象づける

「要約」は、話の内容を整理すると共に、重要な点を相手に印象づける方法です。

先ほどの「チョコレートにしようかなあ。いや、飴のほうがいいかなあ。アイスクリームがいいかなあ」という発言に「甘いものが食べたいのですね」と答えるのが「言いかえ」でした。それに対して「要約」では、次のように答えます。

「体が疲れているのですね。だから甘いものが欲しいのですね」

このように**相手の発言をまとめて、印象づける**のです。

「要約」も、相手は自分の話をよく聞いてくれていると感じます。また、話の重要な部分がまとめられるので、相手は自分の話の内容を整理しながら会話を進めていくことができます。

5つの技術を使ってゲームを回避する

1．励まし

うなずく、あいづちを打つ
⇒話を聞いてくれていると感じる

2．質問の仕方

開かれた質問をする
⇒自分の話をすることで打ち解ける

3．感情の反映

相手の感情を代弁する
⇒マイナスの感情が和らぐ

4．言いかえ

相手が言おうとしていることを言いかえる
⇒共感してくれる人だと感じる

5．要約

相手の話のポイントをまとめる
⇒内容を整理しながら会話できる

Lv. 09

「マイクロカウンセリング」の5つの技術を使ってみよう

ご紹介した5つの技術は、どのゲームにも使えます。Stage 2で取り上げた「とっちめてやる」ゲームの例から実際の使い方を見てみましょう。

✚「とっちめてやる」ゲーム

吉田宏司課長（45歳）は、4月の人事異動で、大阪から東京本社の商品開発課に栄転しました。仕事ができ、吉田課長の手がけた商品の売り上げは、度々社内で一番になることがありました。吉田課長は、同僚たちを蹴散らし、出世の先頭を走っています。

吉田課長は就任の挨拶で、課の部下たちにこう言葉をかけました。

「これまで、発展してきた開発課をさらに発展させるために、みんなの率直な意見を聞きたい。どうか、職務上の上下は問わないので、なんでも意見を言ってほしい」

みんなの前で示すにこやかな態度と自らオープンに部下の意見を聞くなどの発言から課の人たちは、

「いい上司がきた。オープンに話ができるなんて、今までの上司では考えられなかったことだ」

と喜びました。


普段から先輩たちに自分の企画を潰されて、不満を感じていた、小松明さん（23歳）がさっそく、吉田課長に訴えます。

「もう少し、若手の意見を吸い上げてほしいです。先輩方に企画の相談をしたら、ほとんどが潰されてしまいます。なんとかならないんでしょうか？」

当初、課長はにこやかに対応していましたが、だんだん表情が曇っていきます。

「先輩方の意見が正しいことはないの？　あなたの企画がダメだったから潰されたのではないの？」

小松さんは課長が何を言っているか、しばらく理解できませんでした。

「でも、自分の企画に自信を持っています。先だって、似た製品がライバル会社で発売され、ヒット商品となりました。私はどうしても納得がいかなくて……」

吉田課長はじろっと小松さんの顔を見ながら、

「まだ、君は若い。もう少し先輩方にもまれながら、一人前になっていけばいい」

と言います。それでも小松さんは課長に食い下がります。

「吉田課長は、『なんでもいいから意見を』とおっしゃいましたよね。どうか、公平に企画が上がるようにしてもらいたいんです」

すると、吉田課長は怒り出し、

「お前は何様だ！　こうやって丁寧にアドバイスをしているのに、口答えばかりして！」

と言い終えると、それっきり黙ってしまいました。

小松さんは仕方なく、引き下がることになりました。

✚5つの技術を使ってゲームを回避する

小松さんはうかうかと「なんでもいいから意見を言ってほしい」という吉田課長の

言葉に乗ってしまいました。課長は、口車に乗った小松さんをここぞとばかりに「とっちめてやろう」とゲームを仕掛け、攻撃をはじめます。

建前と違い、本音の部分で他人を認めない人のようです。同僚たちを蹴散らし、出世したのは、強く他者を否定していたからかもしれません。

それでは、小松さんはどのように対応すればゲームに巻き込まれなくてすんだのでしょうか。

「とっちめてやる」ゲームは、成り上がり者や新参者をやり込めるゲームです。吉田課長から見れば、小松さんは自分が着任した新しい部署における新参者です。

「とっちめてやる」ゲームから抜け出すためには、

①**「ミスをしない」**
②**「仕掛け人の否定的な気持ちに反応しない」**
③**「大人の対応を心掛けて事実を告げる」**
④**「ゲームの場から離れる」**

の４つの方法がありました。

小松さんは、いきなり吉田課長に接近して、職場の不満、特に先輩たちへの不満を申し立てるというミスを犯しました。

もしかしたら、吉田課長は自分の否定的な部分を投影する人間を探していたところに、小松さんはうかうかと巻き込まれにいってしまったのかもしれません。

このゲームから抜け出すには、ゲームの場から離れることが一番ですが、この状況では難しいでしょう。

そのため、ゲームの仕掛け人に否定的な言葉を言わせたり、否定的な態度をさせたりしないこと、そしてこちらもそのような仕掛け人の否定的な気持ちに反応せずに、大人の対応を心掛けて事実を告げることが必要です。

吉田課長に否定的な態度をさせないための接近の仕方から考えてみましょう。

「お忙しいところすみません。教えていただきたいことがあるのですが……」

という入りがいいですね。あなたが上で私が教えてもらう立場というスタンスをとって、相手が自分を否定しないように気をつけます。吉田課長が迷惑そうな顔をしていたら、

「ご迷惑でしたか……誠に申し訳ございません」

と、**「感情の反映」**をするのもよいでしょう。その上で、

「実はある企画を考えていまして、一度、吉田課長に見ていただきたいと思っていま
す。この道のエキスパートである課長のご意見をと思い、相談に来ました」

と続けて、相手が自分の否定的な部分をこちらに投影しないようにします。

吉田課長が話に乗ってくるのならば、**「はい。はい」「うーーん。なるほど」などの、あいづちを打って、「励まし」の技法を使います。**

時には、「そのご指摘はとても勉強になります」というように「言いかえ」たり、「要約」したりします。


先輩たちへの批判めいた話はしないほうが無難です。あえて先輩のことを述べる時は、へりくだりながら、次のように**「開かれた質問」で話題にするといいでしょう。**

「先輩の皆様には、いろいろとご指導、ご鞭撻をいただいております。ただ、私の至らないところが多くて、企画の意図が十分に伝わる前に没になることが度々あります。どのようにすれば、こうしたことを防げるでしょうか？」

「励まし」「感情の反映」「言いかえ」「要約」などを使って、気持ちよく話をしてきた吉田課長は、さらに「どのようにすれば」という「開かれた質問」で、小松さんの置かれた状況と、苦悩を知ることになり、それに対してアドバイスをくれる可能性が高くなります。

＊＊＊

このようにマイクロカウンセリングの5つの技術を使うことで、人間関係ゲームに巻き込まれずにすみます。

慣れないうちは、なかなかこのような会話をすることは難しいかもしれませんが、これらのスキルを使うことを心掛けて会話をしていると、やがてゲームを回避していくことができるはずです。

Stage 5

人生脚本

——自分自身の心が繰り返し生み出す不毛な行為から逃れるために

Lv. 10

繰り返してしまう「不毛な行為」とは

Ｓｔａｇｅ４では、会話の質を変えることで、そもそもゲームに巻き込まれないですむ方法をお話ししました。

Ｓｔａｇｅ５では、育ってきた過程で身についた心の状態から生まれる不毛な行為をご紹介します。この不毛な行為は、意図も意識もしないのに繰り返し起こります。

✚繰り返される不毛な行為とは何か

なぜ、人はマイナスでしかない行為を何度も繰り返してしまうのでしょうか？

それは、**自分の心に「否定のスイッチ」があり、そのスイッチを押すと不毛な行為が生まれてしまうといった心の働きがあるからです。**

周りの人や置かれた状況、環境など、スイッチを押すものはさまざまです。

運動会や遠足など、行事の度に熱を出す人がいます。楽しい行事に向けて準備をし、後は参加するだけとなった当日の朝、熱を出して台無しになったりします。

こういう人は小学校時代に遠足の当日に熱を出し、高校の修学旅行の当日に熱を出し、新婚旅行で熱を出し、社員旅行で体調を崩し……と、「楽しい行事がはじまる」という状況が「否定のスイッチ」を押し、同じ行動パターンを繰り返してしまうのです。

この「否定のスイッチ」を押すことになる原因は、その時々で変わってきますが、スイッチが敏感に反応しやすくなるのは、ストレスを感じる場面です。

あらゆる人が一生、こうした「否定のスイッチ」による不毛な行動を繰り返します。

生涯に渡って不毛な行動パターンが繰り返し起こるので、このスイッチに関わる一連のパターンを「人生脚本」といいます。

人が人生脚本を持つに至る原因は、「親からの否定的な養育態度」とそれに対する「子どもの思い込み（決断）」です。

例えば、親から度々叩かれたり、「お前なんかいないほうがいい」などと言われて育った子どもは、「ぼくはいないほうがいいんだ。そのほうがお母さんは幸せなんだ。お父さんも喜ぶんだ」と思い込み、「存在するな」という思いを持つことで体験として心に刻み込まれるのです。

✚自分を否定することが投影されて他者を否定する

たいていの人は、梅干しを見ると唾液が出ます。それは、子どもの頃に梅干しを食べて「酸っぱい思い」を体験したからです。しばらく梅干しを食べていなくても、その体験が心の中に隠れていて、梅干しを見ると自然に唾液が出てきます。普段、「梅干しは酸っぱい」という体験の記憶は、無意識の中に隠れていますが、梅干しを見たとたんに、梅干しを「見た」ということがスイッチになって、唾液が出るのです。

子どもの頃に抱いた「ぼくはいないほうがいいんだ」という思いも、成長すると無意識下に隠れますが、ストレス場面に遭遇したり、スイッチを押してしまうと、まるで梅干しを見ると唾液が出るように、意識上に出てくるのです。意識上に出てきた自分自身の存在を否定する思いは、自分で自分を傷つける行動に結びつきます。

　このような通常は無意識下にある思いと実際の行動の連鎖は、人生のさまざまな場面で繰り返し現れます。

　自分を否定する思いは、自分を傷つける一方、自分を否定する思いを他者に投影することで他者を否定する思いをも生み出します。

　つまり、ある時スイッチが入り、「ぼくなんていないほうがいい」という思いが意識上に出てくると、その思いが他者に投影されて、「あなたなんていないほうがいい」という形になるのです。これが、自分の存在を否定されて育った人の「**人生脚本**」です。

　幼い頃、「自分の存在を否定される」体験を持っている人は、他者の存在を否定しやすくなります。もちろん、すべての人がそうなるわけではありません。

　スイッチを押さないようにしている人もいますし、仮にスイッチを押しても、現れる思いをコントロールできる人もいます。

　しかし、たいていの人は、スイッチを押してしまうことで、他者に対して否定的な感情を抱き、暴言や暴力を繰り返すことになるのです。

Lv. 11

「人生脚本」とは

✚人生脚本の12のパターン

人生脚本は、幼児期の親との関わりでつくられていきます。「三つ子の魂、百まで」ということわざの通り、幼い頃の親の養育態度と子どもの思い込みが、人間の一生を「あたかも脚本のように決めてしまう」という考え方です。

親の養育態度が類似したものであれば、子どもはだいたい同じような思い込みを持ちます。

例えば、親が兄のほうばかりちやほやすると、「ぼくじゃ駄目なんだ（お前であるな）。お兄ちゃんが一番いいんだ」と思い込みます。

泣いている時に親から「泣くな！」と怒られると、「自由に感情を出してはいけないのだ（感じるな）」と思い込みます。

どのような子どもでも、反応はほとんど同じです。

つまり、**どのような人生脚本がつくられるかは、親の養育態度次第なのです。**

この人生脚本には、

・存在するな
・お前であるな
・近づくな
・属するな
・成長するな
・子どもであるな
・健康であるな
・成功するな
・するな
・重要であるな

・考えるな
・感じるな
の12個のパターンがあります。

親から与えられるこれらのメッセージを「**禁止令**」といいます。

禁止令のうち最低1つは、誰もが持っており、場合によっては2つ、3つ持っている人もいます。

私も持っていますし、あなたももちろん持っています。この禁止令が、人に何度も禁止されるべき行動を繰り返させるのです。

✚人生脚本はこうしてつくられる

実際には、人生脚本は禁止令だけではなく、**禁止令と拮抗禁止令**から成り立っています。

拮抗禁止令は、「ドライバー」ともいいます。

ドライバーとは、禁止令を抑止して、禁止令を働かなくするものです。

禁止令は「〇〇するな」という否定形の指令ですが、ドライバーは「〇〇せよ」という肯定形の指令で、人の行動を駆り立てる思い込みです。

ドライバーには、

・完全であれ
・他人を喜ばせよ
・努力せよ
・強くあれ
・急げ

の５つがあります。

ドライバーからの指令は、破滅的な結果をもたらすことが多い禁止令の影響を抑制する働きを持つものと思われてきました。

しかし実際には、ドライバーに「〇〇しなければならない」と駆り立てられ、追い立てられることで人が苦しむ結果になることもあります。

例えば、ドライバー「完全であれ」という強い指令は、禁止令「お前であるな」や禁止令「子どもであるな」から強い影響力を受けて思考や行動を止めてしまうこともあるのです。

禁止令の働きを知ることで自分の言動に気がつき、人間関係ゲームの仕掛け人になりうる可能性をある程度制御できるようになります。

＊＊＊

禁止令の種類にもよりますが、禁止令はその人の存在そのものを否定して、破滅に導いたり、心の成長を阻害したりするなどして、その人に不都合な結果をもたらす特徴があります。

人にとって不都合な結果が、12個のうちどの禁止令によってもたらされるのか、また、禁止令を持つに至る原因、現れる行動や思考、スイッチを186〜187ページにまとめました。

自分自身に当てはまる禁止令が何であるかチェックしてみてください（単に表に当てはめて判断するのではなく、生活全体からとらえるようにしましょう）。

自分の持っている禁止令を知るだけでも、イヤな人間関係から抜け出すことができるようになります。

12 個の禁止令を表にまとめました。各禁止令を持つに至る原因は、子どもの頃に親から受けた言動によるところが大きいです。

	現れる行動や思考	スイッチ
	死にたい気持ち 自傷他害行為 生きる価値がないという思考	「愛される価値がない」「存在する価値がない」という思いを持つ時 強い衝動性を発揮する時
	自分本来の生き方をしていないような気がする あるがままの自分ではいけない感覚を持つ 自分の劣っているところや嫌いなところを意識して、それを補おうと過剰な努力をする	「お前であってはいけない」などのメッセージを受ける時 さまざまなストレス場面
	触れ合うことの不安 深い関係になれない 愛情のやり取りが困難	見知らぬ人に初めて出会った緊張感やストレス
	集団のなかでの孤立感 いつも「よそ者」の感じがする	集団に入らなければならない場面
	年齢より幼く見える言動 与えられた仕事に対する責任感が薄い	何かに挑戦をしなければならない時 自分を成長させる場面 規則やルールが強い生活下
	かたくなで儀礼的な行動 ルールや規則がないと落ち着いて行動できない	楽しんだり、子どものように振る舞う時
	熱を出したりして、健康を害する	ストレス場面 とても忙しい場面に遭遇する時
	ここ一番の大切な時に大きな失敗をする	自分が成功する場面に差し掛かった時
	石橋を何度も叩いて渡るような過度の用心深さ 何かをしようとしても、すぐに実行に移せない	計画などを立てて行動する時
	人前で話すことができない リーダーシップを取れない 「欲しい」とはっきり言えない	自分の中で重要と思われる場面で行動する時
	困難な問題に直面すると、感情を昂じたり、混乱状態になる	生活の場面で思考を巡らして考える必要がある時
	自由に感情を出してはいけないと思う	感情を表出する時

禁止令の一覧表

	禁止令	原因	
存在に不都合な結果をもたらす	存在するな	親から虐待を受けた 「お前などいないほうがよい」などと親に言われた	
	お前であるな	「近所の子どものほうが優れている」などと親に言われた	
対人関係に不都合な結果をもたらす	近づくな	「階層の違う子と遊んではいけない」などと親に言われた 親から受ける感情が安定していなかった	
	属するな	親から「望まれない子」として扱われた 「ほかの子と違う」「恥ずかしがり屋だ」「扱いにくい」などと親に言われた	
成長に不都合な結果をもたらす	成長するな	親が子どもの先回りをして物事をやってしまうなど、挑戦する機会が失われ続けた	
	子どもであるな	親が子どもに対して、子どもっぽい行動を禁じることが重なる 子どものふざけた行動に対して、親が非常に腹を立てた	
心と健康に不都合な結果をもたらす	健康であるな	病気になった時、親が今まで以上に、物を買い与え、優しかった	
成功や課題達成に不都合な結果をもたらす	成功するな	成功しそうな時に、親の心のどこかで子どもの成功を嫉妬していた 親の仕事や生活上の破滅的な失敗を見た	
	するな	幼い頃から親に危険なことを禁止された	
	重要であるな	「あんまり目立ったことをするな」「欲しいものは簡単に手に入らないものだ」などと親に言われた	
考えや感情に不都合な結果をもたらす	考えるな	親に自分の考えを馬鹿にされた 親に自分の考えを述べると激しく怒られた	
	感じるな	泣いている時に、「泣くな」などと怒られた	

Lv.12

対人関係に不都合な「禁止令」を知る

✚禁止令「近づくな」と「属するな」について

どの「不都合」も、解決しなければならない重要なテーマではありますが、Stage5では、特に対人関係に不都合な結果をもたらす禁止令、「近づくな」と「属するな」について述べることにします。

人生脚本は、人生全般に渡って繰り返し起こるものなので、人生全般を見渡せる方法をとらなければなりません。

そのため、これまでのような事例をあげて説明するのは、わかりにくいでしょう。

そこで、歴史上傑出した人物の略歴を調べ、その人の禁止令が、その人物の人生にどのように作用したかを見ていきます。

詩人・中原中也と、小説家・夏目漱石の一生を紹介します。

では、彼らの一生を見渡しながら、禁止令「近づくな」と「属するな」の実例を見ていきましょう。

禁止令「近づくな」と「属するな」が、どのように彼らのその後の人生に影響するのかを考えながら読んでみてください。

Lv.13

詩人・中原中也の禁止令 ～「近づくな」

中原中也の一生

まず、**禁止令「近づくな」**です。

ここでは詩人である中原中也の一生を簡単に振り返ることで、禁止令「近づくな」がどのように親から与えられ、それが対人関係にどのように影響したのかを見ていきます。

中原中也は日本を代表する叙情詩人で、代表詩集に『山羊の歌』『在りし日の歌』（KADOKAWA）などがあります。

中也は1907年、医師の子どもとして山口県で生まれます。幼い頃、父親は中也に対して、階層の違う近所の子どもと遊ぶことを禁止しました。

父母は勉学に厳しく、予習復習は母親が担当し、勉強ができないと父親が中也を納屋に閉じ込めたり、煙草の火を踵《かかと》に押し当てたりしたそうです。

小学校時代は神童と言われるほど勉強ができたのですが、山口中学校に入学後、文学に傾倒し、成績が下がりはじめて落第します。父親は落胆のあまり、数日間往診に出なかったそうです。しかし、落第が決まった時、中也は友人たちを勉強部屋に集め、万歳をして答案を破いたと言われています。

その後、落第を理由に、京都立命館中学校に編入しますが、そこでさらに文学仲間と知り合い、文学にのめり込んでいきます。

この頃から、既成の秩序や常識に対する否定、攻撃、破壊をめざす思想であるダダイズムに傾倒。やがて東京に出て批評家の小林秀雄と出会い、文学の活動をしていきますが、評価を受けることなく、30歳の若さで死去します。

中也の伝記から、中也は会う人すべてに喧嘩を売っていたことがうかがえます。

小説家の壇一雄《だんかずお》が自伝『太宰と安吾』（KADOKAWA）の中で、中也と太宰がはじめて出会った描写があります。中也は太宰に、

「おめえ、一《いっ》てえ何の花が好きだい？」

と食ってかかり、乱闘騒ぎを起こしたそうです。

また、中也は、詩人の高森文夫《たかもりふみお》と生涯を通じて交友を結びますが、高森とはじめて会った時、

「君は俺に馬鹿丁寧な言葉をつかうなあ、俺はその丁寧な言葉という奴が大嫌いなんだ」

とにらみつけるように告げたそうです。

なぜ、中也はこのように、人間関係のトラブルを次々と起こしたのでしょうか？

さまざまな見方ができるとは思いますが、ここでは、中也が持つ禁止令から、彼の人間関係を考えてみましょう。

✚中原中也の禁止令

中也は、幼児期に父親から、**「（階層の違う）近所の子どもと遊んではいけない」**と行動の制限をされています。

このような行動の制限を受けた子どもは、**禁止令「近づくな」**を持つようになります。

また、中也は親から勉強するよう厳しく指導され続けました。中也と両親の間では知識の習得が重視され、情緒的なやりとりが不足していた可能性もあります。

中也がダダイズムに傾いていったのも、禁止令「近づくな」の影響と言えるでしょう。

ちなみに、中也のスイッチは、見知らぬ人にはじめて出会った緊張感やストレスだと考えられます。

Lv.14

小説家・夏目漱石の禁止令 ～「属するな」

夏目漱石の一生

夏目漱石は、禁止令を複数持っていたと考えられますが、その中の1つである**禁止令「属するな」**に焦点を当てて、漱石の人生を見てみましょう。

漱石は1867年に、現在の新宿喜久井町で、父・夏目直克、母・千枝の末っ子として生まれます。直克は大名主で、かなりの有力者だったようです。千枝は後妻で、6人の子どもを産んだ後、高齢で漱石を出産したため、直克に「面目ない」と恥じたそうです。

歓迎されない子どもとして生まれた漱石は、すぐに小道具屋に養子に出されましたが、夜店のざるに入られて養育されるなど、雑に養育されたことが原因で、夏目家に一度戻されます。

ところが、夏目家に戻されたと思いきや、すぐに新宿の名主である塩原家に譲り渡されてしまいます。

塩原家はお金持ちだったので、漱石は何不自由なく暮らしますが、後に塩原家の父母が離縁になり、夏目家に戻ります。その時、それまで漱石の祖父母と聞かされていた直克と千枝が実の父母と知ります。


漱石の伝記『漱石と鷗外』（文芸社）に、幼い漱石はこの時混乱し、大きな屋敷に住んで大家族に囲まれていても、深い孤独を感じたとあります。

漱石は大学の英文科を卒業後、松山の尋常中学校（旧制松山中学校）に、英語教師として赴任します。この様子は、小説『坊ちゃん』（新潮社）に書かれています。

松山に着いた当日、すぐに、漱石は尋常中学校を「つまらぬ所」と言い、校長にタヌキ、教頭に赤シャツというあだ名をつけます。

その後、熊本の第五高等学校（現熊本大学）に赴任し、東京から妻となる鏡子を呼んで新婚生活を送りますが、「勉強に忙しいから相手はできない」と鏡子に宣言。2

人連れだって買い物にも出かけなかったそうです。

その後、イギリスに留学しますが、物価が高く下宿探しに苦労し、異文化の中で神経衰弱になります。漱石はその時の様子を「自分は英国紳士の中にあって、狼の中の哀れなむく犬」と述べています。

日本に帰ってから大学の講師になりますが、あまり馴染めず、朝日新聞の専属小説家になって大学を辞める時には、「背中が急に軽くなって、肺臓に未曽有《みぞう》の多量の空気が流れ込んだ」と晴れ晴れとした気分を述べています。

その後、胃潰瘍を患い修善寺で療養するものの病状が悪化、1916年に胃潰瘍で死去するまで小説家として過ごします。朝日新聞での勤務態勢は週1回の編集会議に出席する以外は在宅勤務で、作品を適宜出せばよいというものでした。

✚夏目漱石の禁止令

それでは、漱石の禁止令を見てみましょう。

まず、漱石は「望まれない子ども」として生まれます。最初に幼い頃に養子に出された時の親の対応が、子捨てに近いので、**禁止令「存在するな」**を持つようになります。

感受性の強い子であれば、物心がついた時期にこのような出来事を知っただけでも、**禁止令「存在するな」**を持つようになります。

漱石の成長過程で養育者が次々と変わり、家庭（所属）も変遷していった結果、漱石は、禁止令「属するな」も持ち、自分がよそ者であるという感覚から逃れることができなくなりました。直克と千枝が自分の実の親と聞かされても、実感が湧かず、むしろ孤独を感じるようになったのです。

禁止令「属するな」を持った漱石は、「みんなの仲間入りができない自分」であり続けることになります。

松山の尋常中学校に赴任してすぐ「つまらぬ所」と言ったり、ほかの教員たちに侮蔑的なあだ名をつけたりして、その集団に属さない態度が見受けられます。

熊本で鏡子と結婚しても、家族という共同生活に属せなかったようです。イギリス留学時代には自分のことを「狼の中の哀れなむく犬」という言葉で疎外感を吐露し、大学の講師をやめた時には「晴れ晴れとした気分」と述べて、暗に大学での居場所がなかった可能性をうかがわせます。

その後、朝日新聞では週1回の出社となりますが、これは「会社に、あまり属さなくていい」勤務態勢で、この「属するが属さない」というスタイルは、漱石の禁止令「属するな」とぴったり合ったと思われます。

後に、漱石は胃潰瘍を患いながらも小説を書き続けました。これも、「小説を書き続けなければ、存在できない」という人生脚本の表れと考えられます。つまり、小説を書く行為が、禁止令「存在するな」に陥らないための行動だったのかもしれません。

✚禁止令が禁止令を隠す

「ドライバーは禁止令を抑制する」とお話ししましたが、禁止令を2つ以上持っている場合も同じように**「禁止令が禁止令を抑制する」**現象が起こります。

働きだすと破滅の可能性が高い「重い禁止令」が、それほど破滅の可能性が高くない「比較的軽い禁止令」の後ろに隠れて働かず、鳴りを潜《ひそ》めます。

例えば、存在に関わる重い禁止令（「存在するな」「お前であるな」など）が、比較的軽い対人関係の禁止令（「近づくな」「属するな」など）や成功や課題達成に関わる禁止令（「成功するな」「するな」など）の背後に隠れて働かなくなるのです。

漱石のケースでいえば、禁止令「存在するな」と「属するな」の2つを持っているので、「属するな」が働いている間は、「存在するな」が働かない状況になります。

漱石が尋常中学校でほかの教師の悪口を言っている時やイギリス社会に属せない状況にある時、大学に居場所を見つけられない時には、禁止令「属するな」が働いているので、背後にある禁止令「存在するな」が働きません。

ところが、朝日新聞に「属するが属さない」状況になって、禁止令「属するな」が働く必要のない状況になると、今度は背後にある禁止令「存在するな」が働きだします。その結果、漱石はストレスを感じる度に「存在できない」思いに駆られ、その思いを止めるために小説を書き続けなければならない状況に追い詰められます。

もし漱石が毎日出勤して、どっぷりと朝日新聞社に属していれば、朝日新聞社に居心地の悪さを感じて社員の辛辣な悪口などを言い、人間関係が悪くなったかもしれませんが、禁止令「属するな」が働き続け、背後の禁止令「存在するな」は働くことがなかったでしょう。悪口を言いながら、ゆったりと小説を書いていたかもしれません。

Lv. 15

「禁止令」にどう対応するのか

誰彼かまわず突っかかっていく、中也と同じような行動をする人がいたら、禁止令「近づくな」を持っている可能性があります。

もし自分自身に思い当たる場合、自分がスイッチを押す状況になった時には、乱暴な言葉や行動など、禁止令に基づく行動に出ないようコントロールする必要があります。

✚「禁止令」には、ドライバーが有効

対人関係において、初対面の人に、禁止令「近づくな」の態度が出てしまうことがあらかじめわかっているのであれば、その行動を意識して避けるのです。

初対面の人に対する怒りが制御できなくなる場合、早々に切り上げてその場から立

ち去りましょう。また、立ち去らなくても、相手に対して「親しくなれない感覚」があることを意識して、言動に注意してもよいでしょう。

ただし、**禁止令は無意識下からの命令のため、知らず知らずのうちに「親しくなれない余計な言動」をしてしまいがちです。意識して言動に注意を払いましょう。**

では、実際にどのように禁止令に対応すればいいのでしょうか？

意外に思われるかもしれませんが、趣味を楽しむことです。これは、**ドライバーが禁止令を抑制する性質を利用する方法**です。趣味がない場合は、気晴らしになることでも構いません。

例えば、黙って緻密に料理をつくるのが趣味の場合、黙って作業をするのは、ドライバー「強くあれ」の表れです（ドライバーについて詳しく知りたい人は、『TA TODAY―最新・交流分析入門』（実務教育出版）を参考にするといいでしょう）。無口でコツコツと物をつくる職人さんをはじめ、黙って仕事をする人のほとんどは、このドライバーを持っています。

また、緻密に料理をつくるのは、ドライバー「完全であれ」の働きです。

つまり、料理という趣味を通して、ドライバー「強くあれ」と「完全であれ」の2つを作動させているのです。

料理によって2つのドライバーが作動している時、禁止令を抑制して、作動させないようにします。

ただ、楽しみながら、手を少し抜きながらの趣味は有効ですが、あまり黙って根を詰めすぎたり、過剰なまでに完璧に行おうとすると「○○しなければならない」と駆り立てられ、追い立てられるので、苦しくなったりドライバーが強く表れる可能性が出てきます。

たとえ、自分が持っているドライバーを知らなくても、だいたいの趣味にはドライバーが入っています。

黙って釣りを行う人は、ドライバー「強くあれ」、車で速く走るのが好きな人は、ドライバー「急げ」、スポーツなどで自分のスキルを伸ばす人は、ドライバー「努力せよ」などです。

人間は、趣味を自分のドライバーに沿って選んでいる節があるので、趣味をやりすぎず楽しむことが自分を損なうことなくできる禁止令への対応です。

中原中也も夏目漱石も、詩や文学が趣味であり、仕事であったのかもしれません。ただ、2人とも楽しむだけでなく、苦しむレベルまでドライバーを使っていたのですね。ドライバーが働きすぎると、逆に自分を追い込んでいくので注意してください。

あとがき

本書では、交流分析という心理学のテクニックを使って人間関係ゲームから抜け出す方法をご紹介しました。

ゲームから抜け出す最大のポイントは、③**「大人の対応を心掛けて事実を告げる」**ことでした。すぐには慣れないかもしれませんが、意識して使っていくうちに、徐々にできるようになりますので、積極的に使ってみてください。

事実を告げることで相手との衝突が生まれる場合は、Ｓｔａｇｅ４でお話ししたマイクロカウンセリングの技術を応用した５つの技術を使って、**相手の気持ちを和らげながら対応するとよいでしょう**。

苦手な相手と接しなければならない時は、これらを踏まえながら対応してください。

時にはさまざまな事情が重なることで感情的になってしまい、大人の対応をとれないことが起こりますが、その時はなおさら大人の対応を意識して行うことで、ゲームを終わらせることができます。

ゲームに巻き込まれ、ゲームから抜け出せない人は、主に「他人の面倒を見る人」「お人よしの人」「他人に気を遣う優しい人」などです。

そのため、「理性で対応したら、いじめているほうも大変になる」と思ってしまいがちですが、ゲームの仕掛け人がつけ込むポイントでもあります。

ゲームを終わらせなければ、永遠と続いてしまいます。

ぜひ、勇気を持って、大人の対応を実践してみてください。

同時に、Ｓｔａｇｅ５「人生脚本」でご紹介した禁止令から、自分の行動や思考に気がつき、イヤな人間関係に対処するとよいでしょう。自分が陥る行動パターンやどういう時に行動や思考のスイッチが入るのかを知ることで、イヤな人間関係から抜け出すことが可能になります。

本書でご紹介したことを参考に、幸せな日々を過ごしていけることを願っています。

札幌にて　高品 孝之

参考文献

『交流分析辞典』トニー・ティルニー　著　深澤道子　監訳（実務教育出版）
『交流分析のカウンセリング―対人関係の心理学』イアン スチュアート　著　杉浦省吾　酒井敦子　本多修　柴台哲夫　訳（川島書店）
『こじれる人間関係―ドラマ的交流の分析』杉田峰康（創元社）
『ゲーム分析（Transactional analysis series 4)』杉田峰康　国谷誠朗　桂戴作（チーム医療）
『漱石と鷗外』斎藤明雄（文芸社）
『太宰と安吾』檀一雄（KADOKAWA）
『TA TODAY―最新・交流分析入門』イアン スチュアート　ヴァン ジョインズ　著　深沢道子　訳（務教育出版）

著者紹介

高品孝之（たかしな・たかゆき）

臨床心理士。一級交流分析士。博士（教育学）。

1960年、北海道生まれ。早稲田大学国文科卒業後、高校の教員になるも人間関係のトラブル解決の困難さを目の当たりにし、心理学を学びはじめる。北海道大学大学院教育研究科博士後期課程を修了後、30年間、高校の現場で心理学的手法を用いて、生徒と生徒、生徒と親、親と親など、さまざまな人間関係のトラブルを解決している。

常に現場を重視しており、人間関係のトラブルを解決する手際の良さには定評がある。

編集協力　企画のたまご屋さん

イヤな人間関係《にんげんかんけい》から抜《ぬ》け出《だ》す本《ほん》　〈検印省略〉

2020年　8　月　29　日　第　1　刷発行

著　者――高品　孝之（たかしな・たかゆき）

発行者――佐藤　和夫

発行所――株式会社あさ出版

〒171-0022　東京都豊島区南池袋 2-9-9 第一池袋ホワイトビル 6F

電　話　03 (3983) 3225（販売）

03 (3983) 3227（編集）

F A X　03 (3983) 3226

U R L　http://www.asa21.com/

E-mail　info@asa21.com

振　替　00160-1-720619

印刷・製本　神谷印刷（株）

facebook　http://www.facebook.com/asapublishing

twitter　http://twitter.com/asapublishing

ISBN978-4-86667-225-0 C0030